비밀 클럽
흩어진 지도를 모아라

*일러두기

인명과 지명은 국립국어원의 '외래어 표기법'을 따르되 이미 굳어진 경우 관례에 따라 표기했습니다.
사진 출처 ⓒ셔터스톡, 위키미디어

비밀 클럽
흩어진 지도를 모아라

글 류재향 그림 주영성

하루놀

차례

지도 조각들 8

안나

영국 14
런던의 이모저모 19
두 번째 실마리를 찾아서 24
돌의 고향, 스코틀랜드 26
영국이 인도와 바꾸지 않겠다고 한 셰익스피어 ... 31

아일랜드 35
여정의 끝 40

민규

프랑스 42
달팽이를 잡아먹는다? 47
두 번째 쪽지 51
흰 산봉우리, 몽블랑 58

독일 61
베토벤을 만나다 65
지도를 찾다 69
문을 넘다 72

이탈리아 76
미켈란젤로를 만나다 83
도시 전체가 유적지인 로마 86
이탈리아 남부로 94

에스파냐 99
바르셀로나와 천재 건축가 가우디 103
축제의 나라 에스파냐 106
이 땅은 누구의 땅일까? 109

포르투갈 117

다시 모이다 123

 그룹채팅(4)

안나: 너희들, 각오는 되어 있는 거지?

민규: 이번에도 들키면 우리 모임은 끝장이야.

안나: 그래. 교장 선생님은 몰라도 생활 지도 선생님은 우리 모임을 그냥 두지 않을 거야. 지난번에 학교 후원 연못 물을 몽땅 액체 괴물로 만든 일로, 학교 곳곳에 감시망이 갖춰졌잖아. 다람쥐 한 마리, 돌멩이 한 개도 우릴 지켜보고 있다고 생각해야 해.

정우: 너무해.

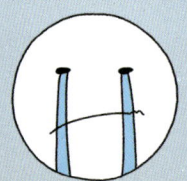

안나: 너무하긴. 액괴 덩어리 하나가 자기 좀 물로 되돌려 달라고 쫓아다니는 바람에 보건 선생님께서 스트레스 받아서 입원하신 거 몰라?

정우: 그래도 후회는 없어. 우리는 물을 잠시 다른 곳으로 옮겨 놓고 보물을 찾으려고 했을 뿐이야.

민규
실패한 일은 잊어버리자.

안나
오늘 잘해야 해. 들키면 한 달간 학교 대청소로 끝날 문제가 아니라고.

승윤
나는 액체 괴물이 내 앞에도 나타날까 봐 무서워.

정우
나는 학교 대청소가 더 무서워.

안나
그 문만 열면 선생님들께서 쉬쉬하시는 그 일을 우리가 캐낼 수 있어. 그럼, 오늘 밤, 알지?

전송

지도 조각들

어둠 속에서 앞을 더듬어 문을 열었다. 방 안에서 환한 빛이 쏟아지는 바람에 아이들은 일제히 눈을 가렸다. 잠시 뒤 한 명, 두 명 조심스레 눈을 떴다.

비밀 창고 안쪽 선반에는 온갖 물건들이 가득 차 있었다. 그중에 스스로 흔들리고 있는 상자가 눈에 띄었다. 아이들은 조심스레 그 상자로 모여들었다.

"열어도 될까?"

승윤이가 상자를 뚫어지게 바라보았다.

"안 될 것 같아."

민규가 망설이자 정우가 손을 뻗었다.

"그냥 열어 보자."

"별일이야 있겠어? 민지야, 괜찮지?"

안나의 물음에 민지는 말없이 오빠 민규의 옷소매를 잡았다.

"그냥 열어 봐. 여기까지 왔는데."

정우가 부추기자 안나가 아이들을 보며 말했다.

"그럼 연다! 하나, 둘……!"

안나가 상자의 문을 열자 빛바랜 헝겊 조각 같은 것이 여러 개 튀어나왔다. 각기 울퉁불퉁 크기도 다르고 모양도 달랐다.

"이게 뭐야?"

민규가 정우 뒤에서 고개를 쑥 내밀었다.

"뭐지? 이 조각들은 뭘까?"

정우가 헝겊 조각들을 보고는 안나에게 물었다.

"가만. 아, 이 모양 어디서 본 적 있는데."

승윤이가 헝겊 조각 하나를 들어 보이며 말했다.

"집중해 봐. 너는 한 번 본 모양은 잊지 않잖아."

정우가 승윤이를 재촉했다. 승윤이가 헝겊 조각을 뒤집어 보고 돌려 보고 하더니 소리쳤다.

"이건……. 아! 이거, 영국 지도 모양인데?"

아이들은 누가 먼저라고 할 것도 없이 헝겊 조각을 쥐고 이리저리 돌려 보았다.

"여기 내려놔 봐. 다 지도 모양 같아."

안나가 아이들의 손에 들린 헝겊 조각을 바닥에 내려놓으며 말했다.

"꼭 퍼즐 같네? 이것 봐. 여기랑, 여기, 이렇게 맞춰지고……."

아이들은 순식간에 헝겊 조각들을 맞췄다. 승윤이가 영국과 프랑스의 거리를 적당히 떨어뜨려 바닥에 놓자 갑자기 상자에서 빛이 쏟아지기 시작했다. 안나는 홀린 듯 다가섰다.

그때였다.

"조심해."

아이들은 익숙한 목소리에 깜짝 놀랐다. 일제히 뒤돌아보니 교장 선생님이 서 있었다. 교장 선생님은 평소에 온화한 미소를 짓고 있지만 엄청난 초능력을 갖고 있다는 소문이 있었다.

"앗! 교, 교장 선생님!"

"너희들, 어떻게 여기까지 들어온 거지?"

교장 선생님의 질문에 아이들은 우물쭈물할 뿐 대답을 하지 못했다. 그때 안나가 앞으로 나섰다.

"선생님, 저희는 여기 비밀 창고에 무언가 봉인되어 있다는 이야기를 들었어요. 그게 저희가 가진 능력을 업그레이드해 줄 수 있는 것이라고요."

"그래서 그게 무얼까 무척이나 궁금했어요."

민규의 말에 교장 선생님은 모든 걸 다 알고 있다는 듯 고개를 끄덕였다.

"노력 없이 얻을 수 있는 건 아무것도 없어. 그리고 너희는 아직 너무 어리단다."

"……그렇지 않아요."

키가 두 번째로 작은 승윤이가 조그만 목소리를 냈다. 그러자 키가 가장 작은 민지가 가만히 승윤이의 팔을 잡았다. 눈이 초롱초롱 빛났다. 교장 선생님은 어깨를 으쓱했다.

"어쩔 수 없지. 모든 건 너희의 책임이야."

아이들은 잠자코 서 있었다. 교장 선생님은 진지하게 말을 이어 나갔다.

"너희들 짐작대로 이건 유럽 지도의 일부야. 유럽 대륙의 서남쪽에 위치한 몇몇 나라들이지. 너희가 이 지도 퍼즐 조각을 맞춘 순간 이미 미션이 시작되었어."

"미션이라고요?"

정우가 눈을 동그랗게 뜨고 물었다.

"그래. 시간이 없어. 이 조각들은 곧 사라질 거야. 그리고 그걸 너희들이 가서 찾아와야 해."

"찾아온다고요? 왜 사라지는 거죠? 어디로요?"

안나가 질문을 쏟아 냈다.

"곧 알게 될 거야. 그리고 학교 홈페이지에 접속하면 '아무나 들어갈 수 없는 페이지'라는 것이 있지? 미션 수행 중인 아이들만 이용할 수 있는 시스템이야. 거기에 들어가서 각자 자신의 행적을 남기도록 해. 너희에게는 아직 시공간을 뛰어넘어 소통할 능력까지는 없으니까 말이야."

아이들은 침을 꿀꺽 삼켰다.

"잘 들어. 너희들 여정의 이정표가 될 메시지를 찾도록 해. 지도 조각을 찾을 수 있는 열쇠가 될 거야. 그리고 그 메시지를 찾으면 그것도 홈페이지에 남기도록 해."

"잠깐만요, 교장 선생님. 도대체 무슨 말씀을 하시는 거예요?"

"그리고 민지는 남으렴."

놀란 민지는 입을 꾹 다물고 고개를 세차게 흔들었다. 교장 선생님은 온화한 표정으로 민지 어깨에 가만히 손을 얹었다.

"우리 민지는 여기에서 언니, 오빠들을 위해서 꼭 해 줄 일이 있어. 너 아니면 아무도 못할 일이야."

교장 선생님이 손을 내밀며 가만히 민지를 바라보았다. 민지는 잠시 망설이더니 한 걸음 나아갔다. 아이들에게 수화로 "잘 다녀와. 조심해."라고 이야기하고 교장 선생님의 손을 잡았다.

"행운을 빈다. 비원의 이름을 드높일 소중한 아이들아."

교장 선생님은 긴 치마를 펄럭이며 돌아서서 민지와 함께 그대로 나가 버렸다. 잠시 적막이 흘렀다.

"이제 어쩌지?"

승윤이의 질문이 끝나자마자 다시 상자가 흔들리기 시작했고, 이내 빛이 쏟아져 나왔다. 그러고는 얌전히 맞춰져 있던 지도 조각들이 허공에 둥실 떠오르더니 상자 속으로 한꺼번에 사라졌다.

"어! 조각들이……!"

안나가 상자로 다가섰다.

"조심해!"

민규가 안나를 끌어당기려고 했지만, 안나는 아랑곳하지 않고 상자에 손을 뻗어서 테두리를 잡았다. 그러자 안나가 그 속으로 쓱 빨려 들어갔다.

"언니!"

"누나!"

아이들이 일제히 소리쳤다. 그 순간, 정우가 상자 속으로 뛰어들었다.
"민규 오빠, 어떡할까?"
승윤이가 잠시 망설였다.
"어떡하긴. 우리도 가야지."
승윤이는 겁이 나서 미간을 찌푸렸다가 곧 정신을 차리고 입을 꽉 다물었다. 그러고는 고개를 끄덕였다.
"그래, 우린 한 팀이니까."
민규와 승윤이가 함께 상자로 손을 뻗자 그대로 상자 속으로 빨려 들어갔다. 아래로 아래로, 깊고 긴 통로 밑으로 한없이 내려가는 기분이 들었다.

영국

"안개가 자욱한 천사들의 땅,
지붕이 뾰족한 곳에서 마침내 모험이 시작되리라."

안나는 두리번거리다 눈앞의 철문에 끼워져 있는 쪽지를 발견했다. 종이에 쓰인 문장을 읽고 고개를 든 안나의 입가에 미소가 스쳤다.

'내가 영국 런던에 왔구나. 저 커다란 까만 모자를 쓰고 빨강 재킷을 입은 아저씨는 근위병이고. 그렇다면 여기는 버킹엄 궁전?'

안나는 화려한 철창 너머로 궁전 앞을 지키는 왕실 근위병들의 무표정한 얼굴과 뻣뻣한 동작을 바라보며 서 있었다. 그때, 갑자기 후드득 빗방울이 떨어졌다.

"앗, 나 우산 없는데! 우산 사려면 어디로 가야 하지?"

"이걸 쓰렴."

안나 머리 위로 검정 우산이 쓱 드리워졌다.

"아저씨는 누구세요?"

"우산을 살지 말지, 그것이 문제인가? 그렇다면 그럴 필요 없다. 주변을 보렴. 우산을 쓰지 않은 사람도 많지 않니?"

안나는 아저씨의 얼굴을 빤히 쳐다보았다.

"본 적 있어요, 아저씨 얼굴. 셰익스피어 전집에서……."

"역시 책에서 읽고 본 것은 죄다 기억하는구나! 그래, 나는 영국 여왕이 인도와도 바꾸지 않겠다고 한 윌리엄 셰익스피어란다."

안나는 가슴이 벅차올랐다. 그러고는 신기한 나머지 셰익스피어의 팔을 쿡 찔러 보았다.

"그런데 여기서 아저씨를 만났다는 건……, 아저씨가 바로 쪽지에서 말하는 천사인가요?"

안나가 눈을 동그랗게 뜨고 묻자 셰익스피어가 껄껄 웃으며 말했다.

"내가 천사가 되었는지는 나도 모르겠다. 다만, 영국을 일컬어 '천사들의 땅'이라고 하지."

"왜 그렇게 불러요?"

"그건 앵글(Angles)족의 후예들이 이 섬에 뿌리내렸기 때문이지."

"아하! 앵글랜드(Angleland)가 잉글랜드(England)가 된 것이죠?"*

"역시 똑똑하구나! 그럼 다음 힌트를 풀어 볼까? 지붕이 뾰족한 곳이라면

---

* 섬나라인 영국에는 예전에 천사들(Angels)이 살았다. 진짜 천사가 아니라 앵글족이 살았다는 뜻이다. 그래서 이 섬을 앵글족의 땅(Angleland)이라고 불렀다. 오랜 세월이 지나면서 앵글랜드를 엥글랜드(England)라고 쓰고 잉글랜드라고 읽게 됐다.

내가 잘 알지."

"저도 알 것 같아요. 지붕이 뾰족한 건 고딕 양식 건물이에요. 미술사 책도 재미있게 읽었거든요."

"런던에 대표적인 고딕 스타일 건축물이라면 두 곳이 있는데, 서로 가까이 있으니 한번 가 보자꾸나."

| 아무나 들어갈 수 없는 페이지 www.biwon.magic

버킹엄 궁전 앞은 관광객들로 붐볐다. 근위병 아저씨에게 힘들지 않느냐고 물어봤는데, 아무 대답도 듣지 못했다. 현재 버킹엄 궁전에 살고 있는 찰스 3세는 국민을 직접 다스리지는 않는다. 영국의 왕은 영국을 대표하는 상징적인 존재일 뿐이고, 영국은 대통령이 아닌 총리가 정치를 책임지고 있다. 시대가 변하며 오늘날에는 왕실에 대해 비판적인 사람들도 있지만, 영국 왕실은 여전히 국민들의 애정과 관심을 받고 있다. 또한 영연방 국가들에게서 존중받고 있다.

댓글 ▼

민규 영연방 국가가 뭐야?

안나 한때 영국의 식민지였다가 독립한 나라들로 구성된 연방체를 영국 연방, 통상 영연방이라고 해. 물론 현재는 모두 각자 독립된 주권 국가들이야.

정우 '해가 지지 않는 나라'라는 별명이랑 관련이 있겠네. 과거 영국이 전 세계에 위세를 떨칠 때에 차지했던 크고 작은 나라들이 하도 많아서, 늘 영국이 지배하는 땅 어딘가에는 태양이 비추고 있다는 의미잖아. 에스파냐랑 포르투갈도 한때 그런 시절이 있었지.

승윤 영연방에는 어떤 나라들이 있어? 음, 캐나다, 호주, 뉴질랜드가 영연방일 것 같아.

안나 맞았어. 그리고 말레이시아, 싱가포르, 방글라데시, 인도, 스리랑카, 나이지리아, 케냐, 가나, 우간다 등 무려 50개가 넘는 나라가 영연방에 속해.

✉ 교장 선생님의 한마디

연합으로 이루어진 나라, 영국

영국은 유럽 대륙의 서쪽 그레이트브리튼섬의 잉글랜드, 스코틀랜드, 웨일스와 아일랜드섬 북부의 북아일랜드 연합으로 이루어진 나라이다. 영국의 정식 영어 명칭은 '그레이트브리튼 북아일랜드 연합 왕국(The United Kingdom of Great Britain and Northern Ireland)'이다. 영어로는 줄여서 '브리튼(Britain)'이나 '연합 왕국(United Kingdom, UK)' 혹은 '잉글랜드(England)'라고 한다. 북해, 영국 해협, 아일랜드해 및 대서양을 접하고 있다.

연합으로 이루어진 나라이다 보니 역사도 길고 복잡해서, 각 나라는 자치권을 보장받고 있다. 월드컵 때에도 영국 국기가 아닌 각자의 국기를 달고 따로 출전하는 모습을 볼 수 있다.

영국의 국기

대영 제국의 국기 이름은 '유니언 잭(Union Jack)'이다. '유니언'은 '연합, 통합'이라는 뜻이고, '잭'은 사람 이름이 아니라 뱃머리에 세워 두는 국적을 나타내는 깃발을 가리키는 것이다. 그래서 여러 개의 국기, 즉 여러 나라가 통합되어 이루어진 국가를 의미한다.

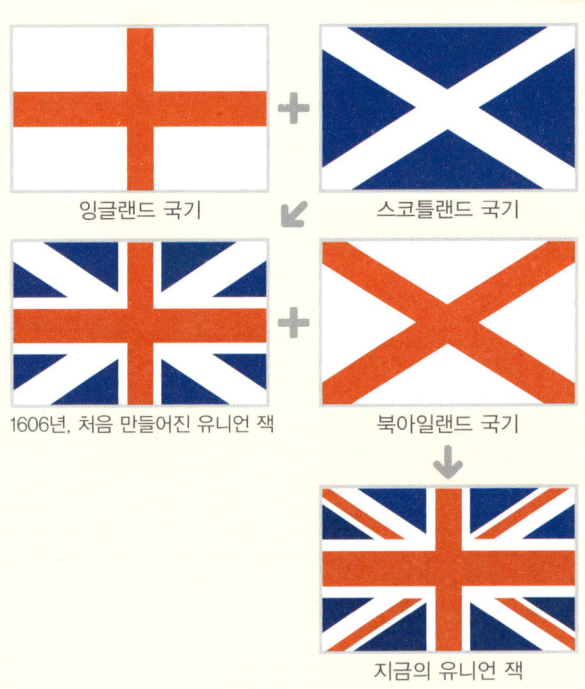

 **민지**
웨일스는 13세기 말에 이미 잉글랜드에 병합된 상태여서 국기에 반영되지 않았어요.

런던의 이모저모

빗줄기가 점점 더 거세지자 안나와 셰익스피어는 2층 버스에 올라탔다.

"자동차 운전석이 오른쪽에 있어서 뭔가 어색해요. 차가 가는 방향도 다르고요. 우리나라에서 운전하다 온 어른들은 헷갈리겠는걸요."

"그래. 방향이 반대라서 운전자도, 보행자도 조심해야 해."

"그런데 왜 오른쪽에 있는 거죠?"

"마차를 몰던 시절의 관습이 그대로 내려온 거야. 국왕이나 귀족을 태운 마부가 말에게 채찍질을 하려고 오른쪽에 앉았거든. 게다가 말에게 채찍질하면서 길 가는 사람을 다치게 하는 경우가 있었다는구나. 그래서 마차를 왼쪽으로 몰아 버릇하다 보니 차도 왼쪽 길로 가게 되었다고 해."

어느덧 비가 그쳤지만, 하늘은 여전히 흐렸다. 안나는 셰익스피어와 함께 템스강가를 걷고 있었다.

"런던은 도시 곳곳에 현대적인 건물과 오래된 건물이 공존하고 있는 것 같아요."

"그렇단다. 런던은 영국의 정치와 경제, 문화의 중심지이거든. 전통을 지키면서도 시대 흐름에 뒤처지지 않으려고 하지. 여기 보이는 템스강 주변에는 국회 의사당, 타워 브리지, 웨스트민스터 사원이 있어. 모두 런던을 대표하는 명소란다."

안나는 어서 '지붕이 뾰족한 곳'을 확인하고 싶었다. 그런데 갑자기 배에서 꼬르륵 소리가 났다. 그 소리를 셰익스피어도 들은 모양이었다.

"'금강산도 식후경'이라는 말이 있다지?"

셰익스피어는 안나를 데리고 근처 식당에 가서 생선튀김과 감자튀김을 포장해 와 공원 벤치에 앉았다.

"이게 영국 사람들이 즐겨 먹는 음식이로군요."

생선튀김을 한 입 베어 물고는 우물거리던 안나의 눈앞에 신기한 광경이 펼쳐졌다. 방금 전까지 우중충하던 하늘이 거짓말처럼 개고, 태양이 뜬 것이다. 하지만 이내 다시 구름이 끼더니 태양이 어디로인가 숨어 버렸다. 안나는 하늘이 마법을 부리나 싶었다. 이윽고 안개까지 자욱해졌다.

"못 말리는 날씨네요. 날씨가 더 이상해지기 전에 빨리 '뾰족한 곳'을 찾아야겠어요."

안나는 벌떡 일어나서 걸음을 재촉했다.

"괜히 '안개의 도시'라고 불리는 게 아니네요. 스모그* 현상 때문에 런던 시민들이 목숨을 잃기도 했다면서요?"

"맞아. 1950년대에 수많은 사람들이 호흡기 질환으로 죽었어. 안개랑 석탄을 땐 연기가 합쳐져서 그랬단다."

"그러니까 몸에 나쁜 석탄가루가 공기 중으로 날아가 안개에 착 달라붙어서 숨을 들이쉴 때마다 폐 속으로 들어간 셈이네요. 아으, 그런데 영국은 왜 이렇게 날씨가 오락가락하는 거예요? 섬이라서 그런 것은 아닌 것 같고요. 일본 날씨는 전혀 다르잖아요."

"그렇게 만든 범인이 있지. 바로 멕시코 만류와 북극 해류 때문이야. 따뜻한 난류인 멕시코 만류와 차가운 한류인 북극 해류가 영국과 프랑스 사이에 있는 도버 해협에서 딱 만나거든."

"오, 그건 추운 겨울에 입김을 불면 하얀 김이 나오는 것과 같은 거네요. 마스크 끼고 있으면 안경에 김이 서리는 것도 그렇고요."

"그렇지! 따뜻하고 습한 공기가 북극 해류에 의해 차가워지면서 많은 안개가 발생하는 거야."

멕시코 만류 이야기를 하다 보니 안나와 셰익스피어는 어느덧 국회 의사당 앞에 도착했다.

---

* 스모그는 도시의 매연을 비롯하여 대기 속의 오염 물질이 안개 모양의 기체가 된 것을 말한다.

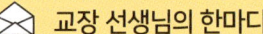 

멕시코 만류

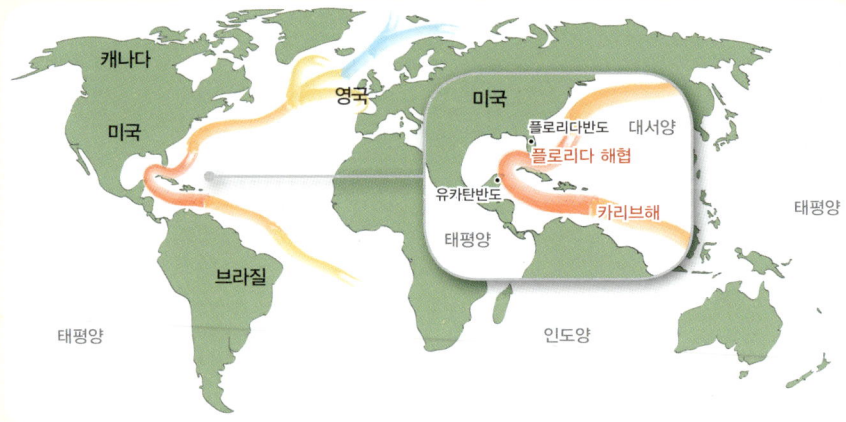

미국의 정치가이자 과학자인 벤저민 프랭클린은 런던을 방문한 어느 날, 의문이 생겼다. 영국에서 배편을 통해서 보낸 우편물이 미국에 도착하기까지 걸리는 시간이 고래잡이배가 미국에서 영국으로 건너오는 시간보다 2주 정도 더 걸렸기 때문이다. 원인을 조사한 끝에 프랭클린은 미국에서 영국 방향으로 흐르는 해류의 비밀을 발견했다. 카리브해의 더운 바닷물이 북쪽으로 올라가 플로리다 해협을 빠져나온 다음, 북아메리카 연안을 따라 다시 동북쪽으로 흘러가는데, 이 해류가 바로 멕시코 만류이다. 남쪽으로 내려오는 래브라도 해류와 만나 세계 4대 어장 중 하나인 북서대서양 어장을 이룬다. 여기에서 대구와 청어가 많이 잡힌다.

민지

한류와 난류가 만나는 곳은 물고기가 많이 잡혀요. 우리나라도 쿠릴 한류와 쿠로시오 난류가 만나는 북서태평양 어장에 접해 있어요.

| 아무나 들어갈 수 없는 페이지   www.biwon.magic

영국 국회 의사당 지붕은 우리나라 국회 의사당처럼 둥근 뚜껑 모양이 아니라 네모나고 둘레가 뾰족하다. 장대한 네오고딕 양식의 건축물로, 북쪽에는 큰 종이 달린 시계탑 '빅벤(엘리자베스 타워)'이 있고 남쪽에는 빅토리아 타워가 있다.

댓글 ▼

민규 방이 천 개가 넘는다며? 규모가 어마어마하구나! 나도 가 보고 싶다.

승윤 나도. 지붕이 뾰족한 고딕 양식 건물을 직접 보고 싶은걸.

교장 영국 국회 의사당은 단순한 건축물이 아니야. 세계 최초로 의회 민주주의를 발전시킨 영국의 상징이기도 하단다.

안나 맞아요, 국회 의사당 중앙 홀을 경계로 남쪽에 상원 의사당, 북쪽에 하원 의사당이 있어요. '빅벤'으로 불리는 시계탑은 국회 의사당의 상징이자 런던의 상징이기도 한데, 여기 매달려 있는 약 13톤짜리 종은 국제 표준시를 정확히 알린다고 하네요.

댓글

두 번째 실마리를 찾아서

국회 의사당과 가까운 곳에 아름다운 교회가 보였다. 웨스트민스터 사원은 오랜 역사를 품고 있는 성공회 교회로, 국회 의사당과 함께 영국의 대표적인 고딕 양식 건축물로 꼽힌다. 이곳에서 전통적으로 영국 왕의 대관식, 왕실 결혼식 등 왕실 행사를 거행해 왔다. 묘지에는 엘리자베스 1세, 메리 스튜어트, 아이작 뉴턴, 찰스 다윈 등 영국 역사 속 유명한 인물들과 수많은 문인들이 잠들어 있다. 사람들이 흔히 헷갈려 하는 웨스트민스터 대성당과는 전혀 다른 의미와 건축 양식을 지닌 건물이다.

안나는 웨스트민스터 사원 안에 들어가서 영국 왕이 즉위할 때 앉는 대관식 의자 앞에 섰다. 셰익스피어도 의자 앞으로 가까이 다가섰다. 안나는 경비병이 올까 봐 불안해졌다.

"이 의자 밑에는 '운명의 돌' 혹은 '스콘의 돌'이라고 불리는 커다란 돌이 있었어. 수백 년 전 잉글랜드 북쪽에 있는 스코틀랜드가 독립 국가였을 때, 스코틀랜드 왕의 대관식에 사용되었던 돌이지. 그런데 잉글랜드 왕이 스코틀랜드를 침략했을 때, 돌을 빼앗아서 이 대관식 의자 밑에 둔 거야. 잉글랜드와 스코틀랜드, 두 나라의 왕이라는 의미였어."

안나는 셰익스피어의 설명을 듣고 스코틀랜드 사람들이 무척 굴욕감을 느꼈을 것 같았다. 아니나 다를까, 한번은 스코틀랜드 출신 청년 몇 명이 웨스트민스터 사원에 잠입해서 그 돌을 훔쳐 갔다고 한다. 멀리 못 가 붙잡히긴 했지만 말이다. 대단히 용감한 이들이 아닌가!

"다행히 그 돌은 1996년, 스코틀랜드에 반환되어 현재는 에든버러성에 보관되어 있어. 안나야, 의자에 한번 앉아 볼래?"

안나는 갑자기 손에 땀이 났다. 지금 대관식 의자에 앉아 보라는 건가? 그럼 안 될 것 같은데……. 안나가 당황하는 찰나, 저만치에서 발자국 소리가 들렸다. 경비병들일까? 셰익스피어가 어서 올라가 앉으라고 안나에게 손짓했다. 안나는 눈을 질끈 감고 의자에 앉았다. 그때였다. 손에 무언가가 잡혔다. 안나의 손 밑에 고이 접은 쪽지가 눈에 띄었다.

"커다란 돌이 있던 자리,
두 나라의 왕이 앉았던 의자에 앉으면
그 돌의 고향을 보게 되리라."

돌의 고향, 스코틀랜드

"아이고 시끄러워. 이게 무슨 소리이지?"

안나는 빨간 체크무늬 치마를 입고 백파이프를 연주하고 있는 사람들과 마주쳤다. 백파이프 소리를 한참 들으며 언덕길을 걷다 보니 거대한 성이 보였다. 안나는 쌀쌀한 날씨에 가방에서 두터운 겉옷을 꺼내 입었다.

"여름인데 쌀쌀해요. 해가 지지 않는 나라라더니, 해 좀 쨍하게 떴으면 좋겠네요."

셰익스피어가 고개를 여러 번 끄덕였다. 둘은 이윽고 스코틀랜드의 상징인 에든버러성에 도착했다. 이곳은 '캐슬 록'이라는 바위산 위에 세워진 고대의 요새이다.

"이곳에 스콘의 돌이 무사히 돌아왔다고 하니 제가 다 안심이 되네요."

"한참 걸었으니 에든버러에 있는 유명한 카페에서 잠시 쉬었다 갈까?"

카페 안팎으로 사람들이 북적였다. 카페 안쪽에 힘들게 자리를 잡은 뒤 안나는 언제 지쳤냐는 듯 떠들기 시작했다. 안나는 이미 《해리 포터》 시리즈 전편을 섭렵하고 영화 첫 편은 백 번도 더 보았다며 셰익스피어에게 자랑했다.

"제가 가장 좋아하는 장면 중 하나는, 교장 선생님이 계단에 서서 "웰컴 투 호그와트!"라고 외치는 장면하고요, 긴 테이블이 있는 식당 장면이에요. 가만, 실제 그 장면을 촬영한 장소가 바로 옥스퍼드 대학교 건물 중 하나였다고 어디서 읽었는데."

안나가 해리 포터 이야기에 들떠서 신나게 떠들고 있는데, 셰익스피어의 어깨가 축 처졌다.

"흠, 백 년쯤 뒤에는 나보다 조앤 롤링이 더 유명해지는 게 아닐까? 내 작품은 아무도 안 읽고 다들 해리 포터만 사랑하면 어쩌지?"

안나는 진지한 표정을 하고는 말했다.

"아저씨 작품들은 영어의 발전에도 기여한 인류의 유산이잖아요. 아저씨가 쓰신 희곡 작품들과 무수한 시들이 지구상에서 읽히지 않을 리 없어요."

안나의 말에 셰익스피어의 얼굴이 금세 밝아졌다.

"고맙구나, 안나야. 나에게 좋은 생각이 떠올랐어. 옥스퍼드는 잉글랜드에 있어. 게다가 나의 고향과 아주 가깝지. 그곳으로 가 보지 않겠니?"

안나가 눈을 동그랗게 뜨며 자리에서 벌떡 일어났다.

| 아무나 들어갈 수 없는 페이지　　www.biwon.magic　　

©Stephen Montgomery from wikimedia

에든버러성에서 멀지 않은 곳에 아주 유명한 카페, 디 엘리펀트 하우스가 있다. 잉글랜드 출신의 조앤 롤링이 혼자 아이를 키우며 생활고에 시달릴 때, 이 카페에서 원고를 썼다고 한다. 그때 쓴 원고가 《해리 포터》 시리즈의 첫 편이다. 그래서 스코틀랜드 사람과 잉글랜드 사람이 만나면 《해리 포터》가 서로 자기 땅에서 탄생했다고 옥신각신한다는 이야기가 있다. 영국의 지역감정이란!

댓글 ▼

승윤 우아! 언니 부럽다. 그곳에 있으면 저절로 재미있는 아이디어가 샘솟을 것 같아.

안나 꼭 그렇지는 않아. 여기 너무 우중충해. 승윤! 너 어디 있어, 지금?

승윤 이탈리아 로마의 내리쬐는 햇볕 좀 보내 주고 싶다. 난 지금 해가 너무 쨍쨍해서 신문지로 모자를 만들고 있지.

정우 거기 가서도 만들고 있는 거야? 웬만하면 좀 사. 안나 누나! 옥스퍼드 사진 좀 올려 줘. 나도 《해리 포터》는 읽었다. ☺

승윤 오! 대단한데!

| 아무나 들어갈 수 없는 페이지   www.biwon.magic

다시 잉글랜드로 왔다! 두근두근. 이곳은 옥스퍼드의 크라이스트 처치 대학이다.

댓글 ▼

민규 옥스퍼드 대학교랑 크라이스트 처치 대학교랑 무슨 관계야?

안나 옥스퍼드는 케임브리지와 함께 영국의 명문 대학교로 유명하지. 사실 두 곳 모두 도시 이름이야. 그 안에 여러 대학(칼리지)이 있는데, 이를 묶어서 '옥스퍼드 대학교'라고 부르는 거야. '크라이스트 처치'는 옥스퍼드에 있는 대학 중 하나야.

정우 옥스퍼드가 《해리 포터》에서 호그와트 마법 학교라면, 크라이스트 처치는 그리핀도르 기숙사인 셈이구나.

안나 뭐, 비슷해. 정우, 《해리 포터》 정말 읽었구나?

정우 읽었다니까! 나도 책 읽는다고!

| 아무나 들어갈 수 없는 페이지　　www.biwon.magic　　

©chensiyuan from wikimedia

"웰컴 투 호그와트!"
계단을 지나면 바로 여기가 두둥!
크라이스트 처치 대학 건물 안에 있는 식당이다.

댓글 ▼

안나 바로 여기야. 《해리 포터》에 나오는 식당.

승윤 도서관처럼 생겼네! 천장이 엄청 높은 듯!

안나 실제 식당으로 쓰이는 곳인데, 벽에 옥스퍼드 출신의 유명한 사람들 초상화가 걸려 있어. 그중 한 명은 루이스 캐럴인데(이건 필명이래), 이 학교에서 수학을 전공하고 교수로도 재직했대. 어느 날 교정의 한 나무 옆에서 놀고 있는 지인의 딸 앨리스의 모험을 상상해서 쓴 이야기가 바로 《이상한 나라의 앨리스》야. 수학자가 영문학 역사에 길이 빛나는 소설을 쓰다니, 정말 대단하지.

민규 실제 식당이면 맛있는 것 좀 먹고 와.

안나 아무 때나 열지는 않아. 😐 지금도 관광객들뿐.

영국이 인도와 바꾸지 않겠다고 한 셰익스피어

안나는 아름다운 정원 한가운데에 서 있었다. '스트랫퍼드어폰에이번'이라는 마을이다. 셰익스피어의 생가와 그의 아내 앤 해서웨이의 집이 있는 곳이다.

"내가 태어나고 자란 집을 옛날 모습 그대로 복원해 놨어. 음, 역시 고향에 오니 좋군. 내 아버지는 고급 가죽 제품과 장갑을 만들어 파는 사람이었어."

안나는 셰익스피어 생가를 둘러보고 나왔다. 얼마 떨어지지 않은 곳에 있는 앤 해서웨이의 집은 훨씬 더 아름다운 전통 가옥이었다. 특히 담장에 핀 장미 넝쿨이나 정원의 꽃들을 보며 안나는 눈을 뗄 수가 없었다.

"영국에는 장미가 무척이나 유명하지. 여러 나라에 수출도 되고 말이야."

셰익스피어는 정원 자랑을 하며 안나를 정원 한편의 테이블로 안내했다.

"영국에 왔으니 오후 티타임을 가져야지?"

안나는 삼단 접시와 예쁜 찻주전자를 보고 손뼉을 치며 좋아했다.

"그런데 영국 사람들은 어쩌다 차를 그렇게 많이 마시게 되었어요?"

"일단은 너도 경험했다시피 영국은 기후가 좋지 않고, 흙이 기름지지 않은 편이야. 농작물이 자라기 어려운 환경이지. 그래서 음식 재료가 단순하고 대표 음식이 적어. 물도 석회질이 많아서 그다지 좋지 않고 말이야. 음, 요리의 천국인 프랑스나 이탈리아를 생각하면 자존심이 상하지만, 우리 영국인들도 인정할 건 인정한단다."

안나는 고개를 끄덕이며 접시에 놓인 스콘을 집어 들었다.

"대신 차만큼은 맛이 다양하고 뛰어나. 그래서 간단한 빵이나 케이크를 곁들여 차를 마시는 티타임을 따로 갖지."

어디에선가 바람이 살짝 불어오자 정원에 장미향이 가득 번졌다. 안나는 찻잔을 내려놓았다.

"아저씨. 사실 저는 어린이용으로 나온 '셰익스피어 대표 작품' 외에는 아저씨 작품을 많이 읽지 못했어요. 아직은 제가 이해하기 쉽지 않고, 원서는 어려운 옛날 영어가 많아서 공부를 더 하고 읽어야 할 것 같거든요. 시는 더 그렇고요."

셰익스피어는 활짝 핀 장미꽃 같은 미소를 지었다.

"모든 건 다 때가 있단다. 중요한 건 도전해 보고, 실패를 두려워하지 않는 것이지."

안나는 문득 다음 방학 때에는 셰익스피어 전집을 읽어 보고 싶어졌다. 안나는 새로운 도전거리가 생기자 무척이나 즐거웠다.

"자, 그럼 이제 헤어질 때가 되었구나. 영국에서 네가 찾아야 할 마지막 힌트는 나에게 있단다."

"거인의 발자국을 따라가면
대서양의 에메랄드,
푸른 섬에 도착하리라."

안나는 쪽지를 읽은 뒤 고개를 들어 셰익스피어를 찾아보았지만, 셰익스피어는 어디로인가 사라지고 없었다.

| 아무나 들어갈 수 없는 페이지 | www.biwon.magic | |

셰익스피어 아저씨는 나에게 작별 선물로 힌트 쪽지를 건네주고 사라졌다. 나를 다음 장소로 안내한 것이다.

댓글 ▼

정우 사진은 누구네 집이야?

안나 아저씨의 아내인 앤 해서웨이의 집과 정원이야. 예쁘지? 그나저나 거인의 발자국을 따라가라고 하는데, 거기가 어딜까?

민지 언니! '거인의 둑길'이라는 곳을 찾아봐!

| 아무나 들어갈 수 없는 페이지   www.biwon.magic

민지가 알려 준 '거인의 둑길'이란 곳에 왔다. 북아일랜드 북쪽 해안 바다로 뻗어 나가는 듯한 돌기둥이 수만 개에 이른다. '대서양의 에메랄드'가 가리키는 곳이 여기가 맞을까?

댓글 ▼

민규 제주도에 갔을 때, 바닷가에서 본 모습과 굉장히 비슷한데!

승윤 제주도 남부 해변 쪽에 주상 절리가 좀 있지.

안나 맞아. 수천만 년 전, 화산이 폭발하면서 분출된 용암이 차가운 바다와 만나 식으면서 만들어진 지형이 '주상 절리'야.

민지 에메랄드……, 아! 언니! 아일랜드 사람들이 '성 패트릭 데이'에 온통 초록색 옷을 입고 돌아다니면서 파티하는 걸 본 적이 있어. 힌트가 아일랜드와 관련이 있을 것 같아.

정우 '성 패트릭 데이'?

안나 아일랜드의 가장 큰 명절이야. 성 패트릭은 아일랜드에 크리스트교를 처음으로 전한 사람이거든. 이를 기념하기 위해서 아일랜드를 상징하는 초록색으로 치장하고 큰 축제를 열지. 그렇다면 나는 일단, 아일랜드의 수도 더블린으로 가야겠어. 영국 안녕!

아일랜드

 더블린은 문학의 도시이다. 노벨 문학상을 받은 작가들 중 더블린 출신들도 있다. 안나는 더블린 시내를 걸으며 여기저기에서 노래를 부르거나 악기를 연주하는 길거리 연주자들을 만났다. 어떤 곡은 잠시 멈춰 서서 들으며 사람들과 함께 박수도 열심히 쳤다. 다시 걷다 보니 골목 귀퉁이에 사람들 무리가 서 있었다. 각자 손에 책을 들고 있었다. 무슨 일인가 싶어 다가가니, 키가 크고 등이 약간 굽은 아저씨가 무언가를 큰 소리로 열심히 읽고 있었다. 아일랜드의 대표 작가 제임스 조이스의 소설에 나오는 한 구절인 듯했다.

 "자, 저 골목 안쪽 집들이 보이시나요? 제임스 조이스가 실제로 살던 동네예요. 소설 속에 묘사된 공간과 아주 비슷하지요."

 사람들 틈에 서 있던 안나가 옆의 아주머니에게 수업을 듣고 있느냐고 물었다.

 "제임스 조이스 투어란다."

 "오! 그런데 아일랜드에는 왜 이렇게 작가들이 많은 걸까요?"

 안나가 투어를 하고 있는 아주머니에게 묻자, 아주머니는 어깨를 으쓱했다.

 "글쎄다. 잉글랜드한테 하도 당해서 한이 많아 그럴까? 어릴 때부터 들은 신화와 어마어마한 모험 이야기가 가득해서 그럴 수도 있고. 우리 더블린에는 유명한 문학인도 많지만, 유명한 가수도 많단다."

그리고 보니 민규가 아일랜드 가수들의 곡이 좋다면서 한참 듣던 게 생각났다.

"아일랜드가 부럽네요. 내로라하는 작가들이 많은 것도 그렇고요. 우리나라는 작가 투어라고 가 보면 제대로 보존된 곳이 없어서 '생가 터'라고 써 붙이고 어설픈 모형에 지루한 설명 글만 늘어놓곤 하거든요. 이런 투어 프로그램은 정말 멋져요. 나중에 어른이 되면 우리나라 작가들을 위한 이런 프로그램을 만들고 싶어요."

"훌륭한 생각이야! 꼭 그러도록 하렴. 누가 아니? 먼 훗날, 너의 작품을 주제로 한 문학 기행이 만들어질 수도 있지."

안나는 그런 생각을 해 본 적이 없어서 잠시 멍해졌다. 꿈을 꾸는 것 같았다. 아일랜드는 그야말로 세계적인 작가들이 탄생한 곳이다. 제임스 조이스, 오스카 와일드, 조너선 스위프트, 예이츠, 조지 버나드 쇼 등 희곡, 소설, 시, 비평 등 다양한 글을 쓴 거장들의 고향이다. 그들은 어쩌다 작가가 되었을까? 이런저런 생각을 하며 걷다 보니 어느새 오코넬 거리에 있는 제임스 조이스 동상 앞에 다다랐다.

"이제 어디로 가면 좋을까?"

그때, 제임스 조이스 동상의 살짝 든 발뒤꿈치 아래에 뭔가가 놓여 있는 것이 보였다. 쪽지였다. 안나는 얼른 쪽지를 펴 보았다.

> "초록 땅의 서쪽, 그 아래 절벽에 서라.
> 마침내 시간의 기준이 되는 곳에서
> 집으로 돌아가는 길이 열리리라."

| 아무나 들어갈 수 없는 페이지 | www.biwon.magic

오늘의 점심 식사 메뉴는 으깬 감자와 볶은 양배추로 만든 콜캐논!

댓글 ▼

승윤 아일랜드 대표 음식인 감자 요리이네!

교장 원래 감자는 아일랜드에 없었어. 남아메리카에서 건너와 재배하게 된 거란다. 페루 남부에서 약 7천 년 전부터 재배되었다고 전해지지. 에스파냐가 남아메리카를 점령한 16세기 이후 전 세계로 퍼져 나가게 되었어.

민규 감사합니다. 탐험가님들이시여. 저는 감자가 정말 좋아요. 튀겨도 맛있고 쪄도 맛있고 볶아도 맛있고, 음…….

승윤 나 너무 배고파. 이탈리아 사람들은 저녁을 너무 늦게 먹어. 여덟 시, 아홉 시가 웬 말이야!

📩 교장 선생님의 한마디

아일랜드와 감자

유럽에서 감자를 식용으로 처음 재배한 곳이 바로 아일랜드이다. 아일랜드는 8백여 년 동안 영국의 지배를 받으며 배고픔에 허덕여야 했는데, 그런 아일랜드인들에게 자신들의 척박한 토양에서도 잘 자라고 생산량도 많은 감자는 최고의 식재료였다. 이때부터 감자는 아일랜드인들의 주식이 되었다. 그러던 어느 날, 예상치 못한 비극이 일어났다. 감자 마름병이 돌아 이로 인해 백만 명 이상이 굶어 죽은 것이었다. 땅을 차지하고 있던 영국인들은 남아 있는 식량 작물과 가축들을 모두 빼돌렸다. 굶어

〈스키버렌〉, 제임스 마호니

죽지 않으려고 신대륙으로 떠난 사람들의 수도 어마어마했다. 이는 '아일랜드 대기근'이라고 불리는 아일랜드 역사상 가장 큰 재앙이다.

여정의 끝

안나는 아일랜드 서쪽 골웨이로 갔다. 이 여정의 끝이 보이는 느낌이 들었다. 골웨이만에서 바다로 나아가면 몇 개의 섬이 모여 있는 애런 제도가 있는데, 어떤 할아버지가 삽으로 흙을 파고 있었다. 할아버지는 흙을 네모 깍두기 모양의 푸딩처럼 덩어리째 퍼 올렸다. 옆에서 손녀로 보이는 귀여운 꼬마 아이가 할아버지에게 보온병을 내밀고 있었다.

"할아버지, 흙이 신기하게 생겼네요."

안나가 할아버지에게 말을 걸었다.

"응, 이건 '토탄'이란다."

'토탄? 책 어디에서 봤던 기억이 있는데. 아! 생각났다.'

토탄은 늪지의 굳은 부분을 퍼서 잘라 낸 뒤 연료로 사용하는 것이다. 바닷가 흙이나 늪지대에 오랜 세월 동안 쌓인 이끼와 갈대 같은 식물의 유기체가 굳어진 자연 연료로, 신재생 에너지인 셈이다.

영국은 산업 혁명 때 광부들이 석탄을 캐느라 병에 걸리고 석탄가루가 안개에 들러붙어서 스모그로 사람들이 죽어 나갔는데, 아일랜드의 토탄은 신의 선물일까, 아니면 척박한 땅을 끊임없이 퍼내라는 운명의 굴레인 것일까? 안나는 이런 생각을 하며 할아버지에게 근처에 절벽이 어디 있느냐고 물었다.

"모허 절벽을 찾는 거라면 더 남쪽으로 내려가야 한단다."

안나는 곧장 남쪽으로 향했다. 버스에서 내려 걸어가자 이윽고 눈앞에 믿을 수 없이 멋진 광경이 펼쳐졌다.

안나는 모허 절벽 위에 섰다. 이곳에서 먼바다로 나아가면 대서양이 나온다. 안나는 절벽에 부서지는 파도와 한없이 깊고 푸른 바다의 물결을 보며 눈을 감았다 떴다.

그때였다.

찾았다!

어디에선가 바람에 날려 온 영국과 아일랜드 지도 조각이 눈앞에서 반짝거리고 있었다. 안나는 손을 내밀어 지도 조각들을 휙 낚아챘다. 순간, 몸이 붕 떠올랐다.

프랑스

"육각형의 땅, 여러 개의 길이 모이는 곳에서
빛의 화가를 만나거든,
그와 함께 달팽이를 잡아먹고
서쪽의 가장 화려한 곳으로 향하라."

민규가 힌트 쪽지를 손에 쥐고 무작정 걷고 있는데, 어디에선가 고소한 냄새가 풍겨 왔다. 민규는 코를 킁킁거렸다. 불어 간판이 붙어 있는 빵집에 온갖 모양의 예쁜 빵들이 진열되어 있었다. 기다란 바게트 빵부터 둥근 빵, 타원형 빵 등 모양도 다양했다.

"프랑스 하면 바게트이지."

민규는 바게트 빵을 사서 한 입 베어 물었다. 겉은 딱딱하고 바삭한데 속은 부드러웠고, 고소한 버터향이 났다. 민규는 빵집 주인아주머니에게 물었다.

"파리의 바게트는 한국에서도 유명한데, 프랑스 빵은 왜 이렇게 맛있는 건가요?"

아주머니는 어깨를 으쓱하며 대답했다.

"밀이 잘 자라서 그렇지. 한국에서는 벼가 잘 자라서 주식이 쌀밥인 것처럼, 유럽에서는 밀이 풍부하니 빵이 발달할 수밖에 없지. 게다가 좋은 소금은 맛있는 빵을 만들어 준단다. 우리 프랑스 북서쪽 지역은 갯벌이 발달해 있어서 깨끗한 소금이 풍부하거든. 유럽에서도 손꼽히는 천일염이지."

민규는 초승달 모양의 크루아상까지 사 들고 샹젤리제 거리로 나섰다. 패션의 중심지라서 그런 걸까? 유명한 브랜드의 상점 앞을 지나다니는 할머니, 할아버지들도 왠지 세련되어 보였다.

민규는 어느덧 길 끄트머리에 위풍당당하게 서 있는 개선문 앞에 섰다. 파리의 에투알 개선문은 나폴레옹 1세가 군대의 승리를 기념하기 위하여 세웠다고 한다. 유럽 곳곳에 개선문이 있지만, 가장 유명한 개선문은 뭐니 뭐니 해도 이곳 파리에 있는 것이다.

"어! 가만있자. 여러 개의 길이 모이는 곳이, 바로 이곳 같은데……."

민규가 제자리에서 한 바퀴 돌아 주변을 둘러보니, 여러 개의 길이 개선문을 중심으로 뻗어 나가고 있었다.

민규는 크루아상을 조금 떼어 입에 넣고 우물거리며 말했다.

"그나저나 육각형 땅이 프랑스가 맞긴 한 걸까?"

"그렇단다."

"앗! 누구세요?"

민규 옆에 멋스러운 중절모를 쓴 남자가 서 있었다.

"나는 르누아르라고 한다."

"인상주의 화가 르누아르요? 진짜 그 르누아르요? 그렇다면……."

민규는 손을 가슴에 얹고 마음속으로 외쳤다.

'민지는 교장 선생님과 함께 우리 모두를 돕느라 오고 싶어도 못 왔어. 네 보람이 헛되지 않도록 오빠가 어서 지도 조각을 찾아서 돌아갈게!'

민규의 마음속 소리를 들은 것처럼 르누아르는 말없이 미소를 지었다.

"프랑스 전체 땅이 육각형 모양과 비슷해. 삼면은 바다이고, 삼면은 육지란다. 파리는 달팽이 집 모양이고. 파리의 구역들이 달팽이 집처럼 말려 있지."

"오, 그렇군요. 아저씨랑 달팽이 요리를 먹으라고 힌트 쪽지에 적혀 있는데, 어디에서 먹을까요?"

"하하, 먹는 생각밖에 안 하는구나. 일단 따라오너라."

민규는 르누아르와 센강으로 향했다.

| 아무나 들어갈 수 없는 페이지   www.biwon.magic

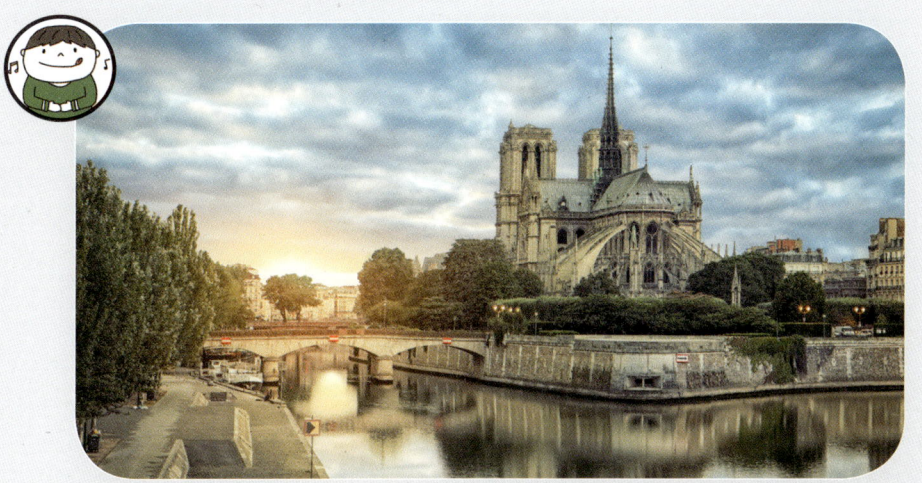

파리를 관통하는 센강 한쪽에 자리 잡고 있는 시테섬. 이곳에 노트르담 대성당이 있다. 프랑스는 가톨릭 역사가 깊어서 아름다운 성당이 많다고 한다.

댓글 ▼

안나 빅토르 위고의 소설 《노트르담 드 파리》의 배경이 된 곳이잖아!

교장 맞아. 그리고 시테섬 근처에는 지하철 노선 다섯 개가 모여 있어서 파리 여행의 시작점으로 삼기 좋아. 나중에 여행하게 되면 알아 두렴!

민규 안나야, 맞은편에 '셰익스피어 앤드 컴퍼니'라는 오래된 영어 책 서점이 있어. 유명한 작가들이 많이 왔다 간 곳이라고 해.

안나 믿기 어렵겠지만, 나는 지금 셰익스피어 아저씨와 함께 있다.

민규 믿기 어렵긴. 나는 르누아르 아저씨와 함께인걸.

승윤 뭐라고? 르누아르?

📧 **교장 선생님의 한마디**

프랑스 위치

프랑스는 지중해와 대서양 사이에 위치한 나라이다. 국토의 모양은 육각형에 가깝고, 크기는 한반도의 세 배 가까이 된다. 동쪽은 벨기에, 룩셈부르크, 독일, 스위스, 이탈리아와 접하고, 북서쪽은 영국 해협을 사이에 두고 영국과 마주하고 있다. 도버 해협으로는 터널이 뚫려 있다. 서쪽은 대서양, 남쪽에는 에스파냐와 지중해가 있다.

프랑스 기후

프랑스는 대체로 온난하다. 위도상으로 평안북도보다 더 높은 위치에 있지만, 파리는 겨울에도 영하로 잘 내려가지 않는다. 우리나라 서울의 겨울 한파를 생각하면 파리가 훨씬 추울 것 같은데, 믿기지 않을 정도이다.

왜 이런 차이가 있는 걸까? 바로 한반도는 대륙의 동쪽 끝에 붙어 있고, 프랑스는 대륙 서쪽에 있어서이다. 파리는 내륙 쪽에 있지만, 1년 내내 북대서양 해류의 따뜻한 기운을 싣고 불어오는 편서풍의 영향으로 겨울에도 비교적 춥지 않다. 또한 프랑스는 대체로 평지이기 때문에 내륙 안쪽까지 따뜻한 공기가 유입된다. 여름에는 덥고 습한데 겨울에는 춥고 건조한 우리나라와는 다를 수밖에 없다.

달팽이를 잡아먹는다?

민규는 아름다운 성당 내부를 둘러보고 나와 센강을 따라 무작정 걸었다. 파리는 센강 상류에 자리 잡고 있다. 서울의 한강보다는 폭이 훨씬 좁아서 웅장한 맛은 없어도, 센강은 파리 중심부를 관통하며 굽어 흐르는 아름다운 강이다. 강변을 따라 걸으니 계속 예쁜 돌다리나 나무다리가 나왔다.

민규와 르누아르는 루브르 박물관 앞에 섰다. 웅장한 루브르 박물관 앞 광장에는 유리 피라미드가 서 있었다. 박물관 안으로 들어가니 유명한 레오나르도 다빈치의 〈모나리자〉가 있었다. 알 수 없는 미소의 모나리자가 민규에게 파리에 온 것을 환영한다고 말하는 것 같았다.

'지도 조각은 도대체 어디에 있을까?'

루브르 박물관은 무척이나 커서 다 돌아볼 시간은커녕 그 안에서 길을 잃을 판이었다. 밀로의 〈비너스〉 등 여러 신의 모습을 상상하여 만든 조각상들과 함무라비 법전도 눈에 들어왔다. 다른 나라의 소중한 유물들이 몽땅 모여 있는 것 같았다.

"한 도시가 이렇게 압도적으로 많은 예술품을 품고 있다니 놀랍네요. 그런데 아저씨 작품은 어디에 있어요? 미술책에서 많이 본 인상파 그림이라든가……."

"내 작품들은 오르세 미술관에 있단다. 함께 가 보겠니?"

"물론이에요! 그리고 나서 달팽이 요리를 먹으러 가요."

르누아르는 알 수 없는 미소만 지을 뿐이었다.

"오르세 미술관은 원래 호화로웠던 철도역을 미술관으로 개조한 곳이야. 이곳에는 나의 동료들은 물론, 수많은 화가의 작품들이 전시되어 있지."

과연 오르세 미술관은 밀레, 마네, 고흐, 세잔, 드가 등 유명한 화가들의 그림으로 가득했다. 평소 그림에 큰 관심이 없는 민규인데도, 그림 속에서 뿜어 나오는 생동감과 빛에 흔들리는 듯한 색감에 압도되는 기분이었다. 민규는 르누아르의 그림 〈물랭 드 라 갈레트〉 앞에 섰다.

"우아, 아저씨. 그림 속에서 음악이 들리고 대화가 들리는 것 같아요."

"내 대표작 가운데 하나이지. 몽마르트르 언덕에 풍차가 있는데, 그 근처 작은 정원에서 열린 무도회를 그렸어. 따스한 햇빛이 내리쬐던 날이었지."

"그곳이 지금도 그대로 있나요?"

"지금은 풍차만 남아 있어. 그곳은 나뿐 아니라 반 고흐, 로트레크, 피카소 같은 화가들이 그림을 즐겨 그린 장소이기도 해. 내일 아침, 몽마르트르 언덕에서 해가 뜨는 모습을 보렴. 장관이란다."

"그런데 르누아르 아저씨, 드릴 말씀이 있어요."

르누아르는 민규의 말에 귀를 기울이려고 몸을 숙였다.

"멋진 작품들을 연달아 봤더니 배가 고파요. 이제 정말 달팽이 요리를 먹으러 가면 안 될까요?"

민규의 말이 끝나자마자 르누아르는 성큼성큼 미술관 밖으로 향했다.

| 아무나 들어갈 수 없는 페이지   www.biwon.magic

에펠탑이 가장 잘 보이는 명당자리로 알려진 샤요궁. 설레는 마음으로 계단을 올라 뒤돌아보니, 저 멀리 에펠탑이 우뚝 서 있었다. 다른 건물들이 낮아서 에펠탑이 더 도드라져 보였다. 저토록 아름다운 탑을 처음에는 사람들이 흉하다고 손가락질했다고 한다. 해가 지자 에펠탑에 조명이 들어와 도시를 밝혔다. 잠시 시간이 멈춰도 좋겠다고 생각했다.

그나저나 르누아르 아저씨가 중요한 사실을 말해 주었다. "달팽이를 잡아먹는다."라는 표현은 "파리 시내를 구경한다."라는 뜻이기도 하단다. 파리 구역을 나눠 놓은 모습이 꼭 달팽이 모양 같아서라고. 왠지 허탈했지만, 달팽이 요리를 맛보았으니 만족한다. 내일은 서쪽의 가장 화려한 곳을 찾아가기로 했다.

댓글 ▼

승윤 파리의 날씨가 좋아서 다행이야. 파란 하늘이 배경이 되어도, 밤하늘이 배경이 되어도 예쁜 에펠탑을 볼 수 있으니! 그런데 왜 파리 같은 대도시에 높은 빌딩이 별로 없는 걸까?

민규 파리의 지반은 거의 석회암으로 되어 있대. 석회암은 부서지기 쉽기 때문에 고층 건물이나 댐을 건설하기 어려워. 게다가 파리를 아끼는 시민들이 초고층 건물이 들어서는 걸 반대해서 법으로 제한하고 있다고 해.

승윤 이탈리아 피렌체도 붉은색 계열 지붕으로만 집을 짓게 해서, 도시 전체가 붉은 벽돌 마을 같아. 두오모에 올라 내려다봤는데 정말 아름다웠어!

민규 무분별한 개발보다는 무언가를 지키고 유지하는 게 한 도시의 역사와 전통을 더 빛나게 하는 일인 것 같아.

안나 그런데 서쪽의 가장 화려한 곳이라면, 베르사유 궁전을 말하는 게 아닐까?

민규 오! 그렇구나. 고마워. 안나야!

✉ 교장 선생님의 한마디

미식가의 나라, 프랑스

'세계 3대 진미' 하면 철갑상어알인 캐비어, 거위 간인 푸아그라, 송로 버섯인 트뤼프가 꼽힌다. 모두 비싸고 흔치 않은 식재료인데, 파리에 있는 식료품점에서는 비교적 쉽게 구할 수 있는 편이다. 그런데 어쩌다 프랑스가 요리의 본고장으로 거듭난 것일까?

이탈리아의 명문가인 메디치 가문에 카트린이란 여성이 있었는데, 1533년 카트린이 프랑스의 왕자 앙리 2세와 결혼하며 뛰어난 요리사를 프랑스로 데리고 갔다고 한다. 이때 요리뿐 아니라 마카롱이나 셔벗 같은 디저트도 알리게 되었다. 심지어 포크와 나이프 쓰는 법도 메디치 가문의 여인들이 프랑스에 알려 줬다고 주장하는 이들도 있다.

그런데 결정적으로 프랑스가 미식가의 나라가 된 계기는 바로 1789년에 일어난 프랑스 혁명이다. 온갖 종류의 사치를 부리다 못해 음식도 최고급만 고집하던 귀족들이 대부분 단두대에서 처형되자, 수많은 요리사가 일자리를 잃게 되었다. 그러다 보니 생계를 위해 일반인을 대상으로 레스토랑을 차렸고, 귀족들만 누리던 고급 요리를 대중도 맛볼 수 있게 된 것이다.

두 번째 쪽지

민규는 새벽에 눈을 뜨자마자 몽마르트르 언덕으로 향했다. 해가 뜨는 모습을 지켜보고 예술가들로 붐비는 거리를 지났다. 민규와 르누아르는 크레이프와 코코아로 아침을 때우고 서둘러 베르사유 궁전으로 향했다. 파리에서 기차를 타고 40분 정도 걸렸다.

베르사유 궁전 정원에는 수많은 나무가 서로 대칭을 이루며 신기한 모양으로 서 있었다. 궁전 안에 들어서니 내부 장식이 화려하다 못해 어지러울 정도였다.

"원래는 루이 13세가 사냥용 별장으로 사용하던 곳인데, '태양왕'으로 알려진 루이 14세가 증축하여 완성했지."

"아, '짐이 곧 국가이다.'라는 말로 유명한 루이 14세 말이지요?"

"왕의 절대 권력이 하늘을 찌르던 시기였지. 프랑스를 유럽 최고의 강대국으로 만들어 놓은 장본인이니 그럴 만도 하지. 하지만 베르사유 궁전이 더 유명한 건 루이 16세와 왕비인 마리 앙투아네트 때문이야. 그들은 이곳에서 사치스러운 일상을 보내다가 결국 단두대로 끌려가게 되었어."

민규는 '거울의 방'에 이르렀다. 높은 천장과 벽에 화려한 장식이 가득했다. 민규는 크리스털로 장식된 샹들리에의 모습을 넋 놓고 바라보았다. 그때였다. 크리스털 조각이 반짝이더니 민규 앞으로 쪽지가 떨어졌다.

"물과 가까운 포도밭에서
뜨거운 태양과 바다가 만나는 곳,
휴식의 땅을 지나 하얀 봉우리에 도달하리라."

 교장 선생님의 한마디

에티켓의 유래

베르사유 궁전 내부에는 화장실이 없었다고 한다. 아름답고 훌륭한 건축물에 냄새나는 곳을 들일 수는 없었기 때문이다. 왕은 용변이 급하면 우리나라 요강 같은 전용 변기에 용변을 보았고, 무도회에 참석한 귀족들은 정원 곳곳에 볼일을 보았다고 한다. 이를 참기 힘들었던 궁전의 정원 관리인은 용변 보는 장소를 안내하는 표지판을 세우고, 이를 '에티켓'이라 불렀다는 이야기가 있다. 드레스를 입은 여성들은 치맛단에 오물이 묻을까 봐 높은 신발을 신게 되었고, 이것이 하이힐로 발전했다. 오물 냄새가 배었을 경우, 이를 감추기 위해 뿌리는 향수가 유행했고, 이는 프랑스 향수 산업이 발전하는 계기가 되었다.

| 아무나 들어갈 수 없는 페이지   www.biwon.magic

세계적인 와인 생산지인 보르도, 보르도는 '물 가까이'라는 뜻이다. 서쪽의 비스케이만에서 나아가면 바로 대서양이다. 프랑스 남서쪽에 있는 보르도 지방 주변에는 강과 늪지대가 많은데, 여름에 햇볕이 강해서 곡류·채소·과실 등이 풍부하고, 특히 포도가 많이 생산된다. 그 때문에 아주 오래전 로마 시대부터 포도밭을 일궈서 보르도 와인을 즐겼고, 오늘날 그 이름이 알려지게 되어 세계적으로 유명해졌다. 여기는 포도밭이 정말 끝이 없는 것 같다. 포도주 저장고 또한 어마어마하다.

댓글 ▼

교장 보르도 와인 한잔 마시고 싶구나.

정우 에이, 교장 쌤. 보르도 와인보다는 에스파냐의 상그리아 맛을 보셔야 해요.

교장 그렇구나. 그런데 정우 네가 상그리아 맛을 어떻게 알지?

정우 알코올 없이 마셔 봤지요. 마젤란 아저씨랑 한잔했어요.

안나 정말?

정우 그런데 뜨거운 태양과 바다가 만나는 곳이 어딜까?

승윤 지중해 같은데? 이탈리아 남서부가 딱 그래.

민규 앗! 그러네. 땡큐 승윤! 툴루즈를 거쳐서, 대서양과 지중해를 잇는 운하를 지나 마르세유로 가야겠어. 그곳이 바로 프로방스 지방이지.

남쪽으로 오니 햇볕이 훨씬 뜨겁다. 너무 덥고 건조해서 민규는 자꾸만 목이 말랐다. 민규와 르누아르는 물을 마시면서 잠시 나무 그늘 아래에 섰다. 나뭇잎이 작고 단단했다.

'수분을 빼앗기지 않으려고 이렇게 생겼구나. 잘도 자랐다.'

민규는 조금 남은 물을 나무가 딛고 선 흙에 뿌려 주었다.

"이곳이 리옹만인데, 항만 도시 마르세유가 자리 잡고 있지. 마르세유는 많은 배들이 드나드는 거대한 항구 도시였어."

민규는 르누아르와 마르세유에서 버스를 타고 동쪽으로 향했다. 그곳에는 이탈리아까지 연결되는, 해안의 꽃이라고 불리는 프랑스 남동부의 휴양 도시인 니스가 있었다.

르누아르는 아담한 저택으로 민규를 데려갔다.

"민규야, 니스의 전통 음식을 요리해 보겠니? 레시피는 내가 알려 주마."

"좋아요. 그게 뭐지요?"

"바로 라타투이란다. 가지, 토마토, 피망, 양파, 호박, 마늘에 허브를 넣고 올리브유에 볶은 뒤, 토마토 퓌레를 넣어 뭉근하게 끓여서 만드는 거야. 보통 간단한 점심으로 먹는데, 빵이나 크래커와 함께 먹으면 맛이 일품이지. 원래 가난한 농부들이 즐겨 먹던 음식이었어."

민규는 저택에 있는 재료들로 금세 라타투이를 만들었다. 민규는 자기가 만들었지만 정말 맛있다며 한 접시를 금방 비웠다. 식사를 마치고 둘러보니 벽에 걸린 그림들이 왠지 익숙했다. 책장에 꽂혀 있는 책을 펼치니 르누아르에 대한 이야기가 적혀 있었다.

"르누아르는 말년에 건강이 나빠져서 몸이 말라 갔다. 관절염으로 고생을 하다가 고통을 덜기 위해 따뜻한 기후의 프랑스 남부로 이사했다. 그는 손가락 관절이 마비된 뒤에도 붓을 놓지 않았다. 붓을 팔에 묶어 넓은 붓질로 그림을 그렸다."

민규의 눈에 눈물이 맺혔다. 돌아보니 르누아르는 산책을 준비하고 있었다. 민규도 말없이 따라나섰다.

아름다운 니스의 해변은 백사장이 아닌 자갈 해변이었다. 너도나도 일광욕을 즐기는 사람들이 눈에 띄었다. 니스 해변에서 바라본 지중해의 빛깔은 푸르기도 하고 청록빛도 도는 듯했다. 사시사철 온난한 지중해성 기후 덕분에 휴가철 관광객이 매우 많다고 한다.

"몇 해 전, 이곳에서 무차별 대형 트럭 테러로 여러 사람이 죽거나 다쳤단다."

"아! 뉴스에서 봤는데, 잊고 있었어요. 너무 끔찍해요."

"세상이 어떻게 돌아가는지 모르겠다. 우리 때에는 전쟁을 걱정했는데, 테러가 전쟁과 다를 게 뭐니……."

민규는 햇빛에 반짝이는 자갈과 바다를 바라보며 생각에 잠겼다. 밝은 햇살 아래에서 갑자기 마음이 무거워졌다.

| 아무나 들어갈 수 없는 페이지 www.biwon.magic

유럽의 대표적인 휴양지 니스 해변. 2016년 7월 14일, 이슬람 극단주의자로 추정되는 남성이 대형 트럭을 몰고 사람들에게 돌진했고, 이로 인해 80명 이상의 사람들이 사망하고 백여 명이 다친 대참사가 있었다. 지금도 믿기지가 않는다.

댓글 ▼

승윤 지금 생각해도 너무 끔찍해.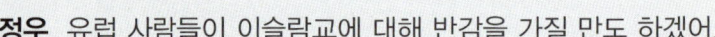

정우 유럽 사람들이 이슬람교에 대해 반감을 가질 만도 하겠어.

교장 일반 이슬람교인들은 우리와 똑같이 평범한 사람들이야. 극단주의자가 문제인 거지. 우리와 다르거나 잘 모르는 문화나 종교 등에 대해서도 깊은 이해와 관용이 필요해. 그렇지 않기 때문에 그런 참사가 생기는 거니까.

안나 갑자기 우울해져요. 왜 사람들은 자기와 다르거나, 모르면 쉽게 폭력적으로 변하는 걸까요?

교장 우울해질 필요 없어, 안나야. 그래서 우리가 역사를 공부하고 지리를 공부하고 다른 문화와 인류에 대해서 폭넓은 시각을 갖기 위해 노력하는 거니까.

✉ 교장 선생님의 한마디

바스티유의 날

1789년 7월 14일, 당시 루이 16세의 폭정에 분노한 파리 시민들이 바스티유 감옥을 습격해 프랑스 혁명의 발단이 됐던 날이다. 프랑스는 1880년부터 이날을 '바스티유의 날'로 지정해 기념해 오고 있다.

〈바스티유 습격〉, 장 피에르 루이 로랑 우엘

흰 산봉우리, 몽블랑

 니스를 떠난 민규와 르누아르는 몽블랑 기슭의 작은 마을 샤모니의 한 산장에서 하루 묵기로 했다. 민규가 묵는 산장에는 커다랗고 온순한 개가 한 마리 있었다. 앙리는 세계적으로 유명한 인명 구조견인 세인트버나드로, 샤모니와 같은 알프스 산맥에 사는 사람들에게는 소중한 가족이다. 보기에는 그저 온순하지만, 조난 현장에서 용감하게 사람들을 구해 낸다. 목에 따뜻한 음료수가 든 작은 통을 달고 다니면서 조난당한 사람들의 기운을 회복시키는 데에 도움을 주기도 한다.
 산장 주인 세실 아주머니가 치즈를 녹여 빵을 찍어 먹게 해 주었다. 민규의 얼굴이 밝아졌다.
 "퐁뒤는 스위스 음식 아니었어요? 스위스 바로 옆이라 즐겨 드시나 봐요."
 "퐁뒤는 스위스 음식으로 알려져 있지만, 이곳에서도 오래전부터 먹었단다. 몽블랑 기슭은 춥고 땅이 척박해서 채소 같은 식재료를 기르기도 어렵고, 그나마 빵이 가장 흔히 먹을 수 있는 식량이었거든. 내가 어릴 적에는 할머니 댁에서 모닥불에 치즈를 녹여 빵을 푹 찍어 먹고는 했어. '퐁뒤'는 불어로 '담그다'라는 뜻이란다."
 "아, 그렇군요. 그런데 이거 진짜 고소해요."
 민규는 감자와 빵을 치즈에 잔뜩 찍어 먹고는 배부른 채로 푹신한 침대에 누웠다.

"이러다 몸이 치즈가 될지도 모르겠어요. 내일은 케이블카를 타고 전망대에 오른댔죠? 엄청 기대돼요. 거기에서 지도 조각이나 힌트를 발견할 수 있어야 할 텐데요."

민규는 의자에 앉아 앙리의 모습을 스케치하는 르누아르를 바라보다 스르르 잠이 들었다. 다음 날 아침에 일어나니 르누아르는 사라지고 없었다. 그리고 그 자리에 쪽지가 놓여 있었다.

✉ 교장 선생님의 한마디

알프스산맥의 최고봉, 몽블랑

프랑스는 알프스산맥을 경계로 스위스, 이탈리아와 국경을 이루고 있다. 알프스산맥은 아프리카 판과 유라시아 판이 부딪쳐 형성되었는데, 지금도 서서히 솟아오르고 있다고 한다. 몽블랑산은 해발 4,807미터로, 대부분이 프랑스 영토에 속해 있다. 스위스의 마터호른, 융프라우와 함께 알프스 3대 봉우리로 꼽힌다.

| 아무나 들어갈 수 없는 페이지   www.biwon.magic

나는 이제 독일로 가야 하나 보다. 사진은 몽블랑이야. 완전 멋지지?

댓글 ▼

승윤 나도 몽블랑에 가고 싶다. 난 지금 폼페이야. 머리가 구워질 것 같고 온통 햇볕이라 골목길 그늘에 숨어 있어.

민규 만년설과 빙하를 봤는데 정말 멋졌어. 구름 속에 떠올라 있는 듯한 기분이었어!

정우 에스파냐도 더워. 형이 부럽군.

안나 스코틀랜드 출신 시인 바이런이 몽블랑에 대해 쓴 시가 있어. 들어 봐.

"몽블랑은 산 중의 산, 왕 중의 왕이로다.
　바위는 왕좌가 되고 구름으로 대례복을 만드니
　　새하얀 눈은 왕관이 되었도다."

민규 오, 멋지다! 정말 그럴듯해.

승윤 사진으로만 봐도 자연이 만들어 준 걸작 같아!

안나 그런데 왜 독일로 가?

민규 그게, 좀, 말하기가……. 에라, 모르겠다. '소시지의 고장으로'라고 쓰여 있었어.

안나

승윤 어쩜 이렇게 맞춤식 힌트야? 어디로 가야 할지 알 것 같다.

독일

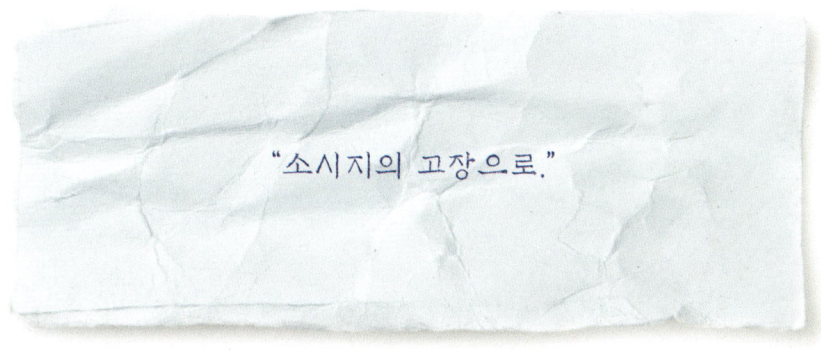

"소시지의 고장으로."

민규는 독일 프랑크푸르트에 있는 한스네 집에 묵게 되었다. 민규 또래의 한스는 닥스훈트 베토벤과 함께 살고 있는데, 한스는 자동차 디자인을 하는 기술자가 되는 것이 꿈이라고 한다. 민규는 요리사가 되고 싶은데, 음악도 좋아한다고 했다. 그렇지만 아직은 먹는 게 제일 좋다는 말도 덧붙였다.

"너희 나라에서는 어떤 음식이 유명해?"

"음, 글쎄……. 아마도, 감자? 아님 소시지?"

민규의 물음에 한스가 고개를 갸웃하며 대답했다. 한스의 엄마인 힐데 아주머니가 프랑스에서 막 왔다는 민규에게 웃으며 말했다.

"프랑스나 이탈리아의 음식 문화와 비교하면 우리 독일 음식은 소박한 편이야. 돼지고기, 소시지, 감자 등이 주식이랄까?"

하지만 힐데 아주머니의 말과는 달리, 저녁 식사가 차려지자 민규는 깜짝 놀랐다. 돼지고기로 직접 만든 프랑크푸르트 소시지는 한국의 마트에서 사 먹는 것과는 전혀 다른 차원의 맛이었다.

"독일은 원래 소시지가 발달했나요?"

"독일은 지역에 따라서 음식 문화가 달라. 북부는 청어를 비롯한 해산물 요리가 풍부하고 남부는 돼지 요리가 발달했어. 기후 때문에 농업보다는 목축업이 발달했거든. 날씨가 변덕스럽고 겨울이 긴 데다 땅도 비옥하지 않아. 그래서 사육 기간이 짧은 돼지를 많이 키웠는데, 돼지고기의 좋은 부위는 크리스마스 같은 특별한 날에 요리해 먹었고, 남은 부위는 돼지 창자에 넣어 먹었단다."

민규의 귀가 쫑긋했다.

"우리나라 순대처럼 말이군요. 한국은 되도록 소나 돼지의 모든 부위를 요리해 먹으려고 하는데, 그 점이 비슷해요."

민규는 프랑크푸르트 소시지가 바로 이곳 프랑크푸르트에서 비롯된 이름이란 것을 알게 되었다. 그리고 돼지고기나 소고기 등으로만 만든 소시지를 프랑크푸르트 소시지라고 하고, 소고기 또는 돼지고기에 다른 고기를 섞은 것을 비엔나 소시지로 구분한다는 사실도 알게 되었다.

| 아무나 들어갈 수 없는 페이지   www.biwon.magic

한스네 개 베토벤.
길쭉한 프랑크푸르트 소시지는 닥스훈트를 닮았다고 해서 '닥스훈트 소시지'라는 별명이 있다고 한다.

댓글 ▼

민지 독일의 개 닥스훈트는 다리가 짧고 몸통이 길어서, 오소리 굴속으로 들어가 오소리를 잡는 사냥개라고 해. '닥스'는 오소리, '훈트'는 개를 뜻한대.

승윤 정말정말 귀엽다!

안나 달리는 모습 좀 보고 싶은걸.

교장 예전에 미국에 이민 온 독일 사람들이 빵 사이에 닥스훈트 소시지, 즉 프랑크푸르트 소시지를 끼워 팔았어. 이 모습을 본 어느 만화가가 닥스훈트의 스펠링을 몰라서 그냥 '뜨거운 개 소시지(Hot dog sausage)'라고 적은 삽화를 그렸는데, 이 그림이 인기를 끌었대.

민규 그때부터 프랑크푸르트 소시지를 넣은 빵을 핫도그라고 부르게 된 거군요.

댓글

교장 선생님의 한마디

독일 위치와 지형

한반도의 약 1.6배 크기인 독일은 아홉 개의 나라와 국경을 접하고 있다. 서쪽으로 네덜란드, 벨기에, 룩셈부르크, 프랑스가 있고, 북쪽으로 북해와 덴마크, 동쪽으로 폴란드, 체코, 남쪽으로 스위스, 오스트리아와 만난다.

독일 기후

독일은 남쪽의 알프스산맥에서 북쪽의 북해를 향해 경사져 있다. 남쪽 좌우로 흐르는 도나우강을 제외하고는 주요 강들이 모두 북쪽에 있는 북해와 발트해 쪽으로 흘러간다. 커다란 유럽 대륙의 서쪽, 높은 위도에 위치해 있지만 우리나라보다 겨울에 따뜻하고 여름은 쾌적한 편이다. 그래도 바다와 접한 북쪽 일부를 제외하고는 비교적 대륙성 기후의 성격이 강하다. 서부 유럽에서 해양성 기후가 대륙성 기후로 바뀌는 경계가 바로 프랑스와 독일의 경계인 라인강 근처이기도 하다.

베토벤을 만나다

다음 날 아침, 민규는 베토벤을 데리고 근처 공원을 산책하고 있었다.
"어서 힌트 쪽지를 찾아야 할 텐데. 지도 조각도 찾고 말이야."
민규가 한숨을 내쉬자 갑자기 베토벤이 "멍!" 하고 짖었다. 고개를 드니 어디에서 많이 본 듯한 남자가 벤치에 앉아서 무언가를 끄적이고 있었다. 베토벤이 다가가 그 남자에게 꼬리를 흔들자 그가 쪽지를 건네주었다. 베토벤은 쪽지를 물고 민규에게 달려왔다. 민규는 가만히 쪽지를 펴 보았다.

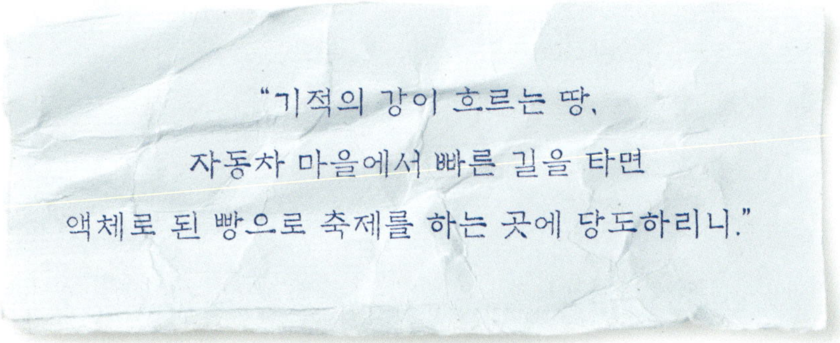

"기적의 강이 흐르는 땅,
자동차 마을에서 빠른 길을 타면
액체로 된 빵으로 축제를 하는 곳에 당도하리니."

벤치에 앉아 있던 남자가 민규에게 다가왔다.
"네가 음악을 좋아하는데, 요리하고 먹는 건 더 좋아한다는 아이가 맞니?"

남자의 강한 인상에 민규는 움츠러들었다.

"그런데 아저씨는 누구세요? 어디서 많이 봤는데……."

그때 베토벤이 "멍!" 하고 짖었다.

"앗! 설마…… 맞네! 베토벤 님이신가요?"

"흠. 공교롭게 이 소시지 같은 강아지와 이름이 같아서 헷갈릴 테니, '루드비히'라고 부르렴."

민규는 신이 나서 루드비히를 졸졸 따라다니며, 루드비히 판 베토벤이 작곡한 피아노 소나타 작품들과 교향곡에 대한 감상을 늘어놓았다.

민규는 산책을 마친 뒤, 한스네 집에 베토벤을 데려다주고 작별 인사를 했다. 한스는 민규에게 자신이 아끼는 동화책을 선물로 주었다. 오래전부터 전해 내려오는 독일의 옛이야기들을 정리한 이야기책이었다. 그 책에는 〈헨젤과 그레텔〉〈브레멘 음악대〉〈백설 공주〉 등 익숙한 이야기가 담겨 있었다.

힐데 아주머니는 '기적의 강'이 독일 남서쪽에서 뻗어 나오는 라인강을 말하는 것이라고 알려 줬다. 민규는 루드비히와 함께 라인강가에 있는 기적의 땅이면서 자동차 산업이 발달한 슈투트가르트로 향했다.

| 아무나 들어갈 수 없는 페이지   www.biwon.magic

©Silesia711 from wikimedia

슈투트가르트에 있는 메르세데스 벤츠 박물관이다. 슈투트가르트는 독일 남서부에서 가장 큰 산업 지대의 중심지라고 한다. 자동차·전기·장비·기계·제조업 등이 발달해 있는 독일에서 가장 큰 비중을 차지하는 것은 뭐니 뭐니 해도 자동차인데, 세계적으로 유명한 벤츠, BMW, 아우디, 폭스바겐, 포르셰 등이 모두 독일산 자동차이다.

댓글 ▼

정우 와! 멋지다. 눈 호강 좀 했겠는걸!

민규 응. 눈이 휘둥그레졌지. 게다가 루드비히 아저씨와 벤츠를 타고 아우토반 위를 달려 뮌헨까지 가게 되었어. '액체로 된 빵'이 그곳에 있다고 해.

정우 우아! 나도 달리고 싶다, 아우토반!

안나 그런데 '액체로 된 빵'이라는 게 뭘까?

교장 선생님의 한마디

'라인강의 기적'과 독일의 주요 산업

독일은 일조량도 적고 땅도 기름지지 않아서 농업이 발달할 수 없었다. 석탄 자원을 제외하고는 대부분의 자원도 수입에 의존했다. 자연환경이 척박하고 자원이 부족하니 믿을 건 사람뿐이었다. 독일은 근면 성실한 국민성과 우수한 인적 자원을 바탕으로, 제철이나 기계 제조업과 같은 중공업을 발전시켰고, 세계 제일의 자동차를 생산하게 되었다. 최대 공업 지역인 라인·루르 지역에서 '라인강의 기적'이란 말이 나왔다.

한편 독일은 아홉 개의 나라에 둘러싸여 있어서 교통의 중심지 역할도 한다. 주요 하천인 베저강, 엘베강, 오데르강을 중심으로는 산업이 발전했다. 라인강과 도나우강은 독일을 지나 다른 나라들도 거쳐 가는데, 두 강은 유럽 역사의 흐름과 함께해 왔다. 독일의 강을 따라가면 유럽 산업의 역사가 보인다고 말할 수 있다.

 민지

> 도나우강은 요한 슈트라우스가 작곡한 왈츠 〈아름답고 푸른 도나우강〉의 그 도나우강인가요?

교장 선생님

> 맞아. 도나우강은 독일 남부 산지에서 시작해서 흑해로 흘러드는데, 강줄기가 동유럽의 거의 모든 나라를 거치지. 역사적으로 문화 교류가 활발한 물길이었어.

지도를 찾다

뮌헨에 도착한 민규는 한스의 외할머니 댁에 초대받았다. 할머니 댁 벽난로 위에 놓인 액자 속 사진을 구경하다가 힐데 아주머니의 대학생 시절 모습을 보았다.

"힐데 아주머니가 맥주 축제를 몹시 기다리시더라고요."

"그러니? 그럴 만도. 옥토버페스트만 시작하면 바로 우리 집으로 달려와서 동창 모임을 한다니까. 우리 집안도 양조업을 한 적이 있거든."

"오! 힐데 아주머니는 그런 말씀은 안 하시던데요."

"그랬구나. 맥주는 고대인들이 발효한 빵가루에 물을 섞은 뒤, 다시 발효해 마셨다는 기록이 있어. 클레오파트라는 피부에 좋다고 하여 맥주 거품으로 목욕을 했다지. 맥주의 제조법이 유럽에 전파되었을 때 '액체로 된 빵'이라고 부르기도 했어. 수도원에서는 열심히 맥주를 만들어 신도들에게 팔아서 수도원 유지비로 쓰기도 했지."

"액체로 된 빵!"

민규는 벌떡 일어났다. 옆에 앉아 있는 루드비히가 슬쩍 웃었다.

"그런데 할머니, 독일 사람들은 왜 그리 맥주를 많이 마셔요?"

"다 이유가 있지. 독일은 석회암 지대에 자리 잡고 있어서 물에 석회질이 많이 섞여 있거든. 그래서 물 대신 맥주를 즐겨 마시게 되었지."

"그럼 독일은 언제부터 맥주를 만든 거예요?"

"15세기 이후 유럽 전반에 맥주가 유행하기 시작했고, 전문 양조업자들이 생겨났지. 독일은 순도 백 퍼센트 맥주를 만들어 세계 최고의 맛과 품질을 자랑하게 되었어. 나는 그 주인공들의 후손이고 말이다."

"그럼 할머니도 맥주를 좋아하시겠네요?"

할머니는 고개를 저었다.

"나는 맥주보다 포도주를 더 좋아해. 우리 독일은 화이트 와인도 유명하거든. 프랑스 와인에 비해서 알코올 도수가 낮아 부드럽단다."

민규는 귀가 솔깃했다.

"요리책에 화이트 와인은 한국의 불고기나 갈비 같은 음식과도 잘 어울린다고 쓰여 있었어요. 나중에 제가 직접 만든 갈비찜에 독일의 화이트 와인을 곁들여 맛보고 싶어요."

"좋은 생각이구나. 지금은 하늘나라에 가고 없지만, 내 남편 생일날이면 맛있는 화이트 와인을 함께 마시고, 나는 선물로 노래를 불러 주었지."

할머니가 그리움에 잠긴 듯 피아노를 쓰다듬었다. 민규는 가만히 일어나 피아노를 쳐 봐도 되겠느냐고 했다. 할머니가 고개를 끄덕였다. 민규는 브람스의 〈자장가〉와 베토벤의 〈아델라이데〉 등 외우고 있는 독일 가곡 몇 곡을 연주했다. 연주가 끝나자 할머니와 루드비히가 흐뭇한 얼굴로 박수를 쳤다. 민규는 피아노 뚜껑을 덮기 전, 뚜껑 사이에서 쪽지를 발견했다.

"회색 무덤이 가득한 곳,
분열과 화합의 문에 서면
희망의 조각들을 만나게 되리니."

 교장 선생님의 한마디

독일의 백포도주

독일은 일조량이 부족하고 날씨도 남부 유럽에 비해서 상대적으로 추워 레드 와인용 포도를 재배하기 어렵다. 대신 빨리 익고 추위에 강한 청포도가 잘 자라기 때문에, 압도적으로 화이트 와인의 생산량이 많다. 역사적으로는 라인강 유역을 점령한 로마군이 포도주를 식수원으로 활용하기 위해 넓은 땅에 포도나무를 심어 포도를 재배하고, 양조 기술을 발전시킨 일과 관련이 있다.

문을 넘다

　민규와 루드비히는 해가 지는 모습을 바라보다가 뮌헨 버스 정류장으로 향했다. 회색 무덤이 가득한 곳을 찾으러 베를린으로 가기로 했다. 뮌헨에서 베를린으로 야간 버스를 타고 가기로 한 민규와 루드비히는 2층 버스에 몸을 실었다.

| 아무나 들어갈 수 없는 페이지　　www.biwon.magic

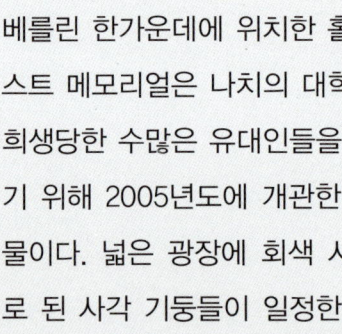

베를린 한가운데에 위치한 홀로코스트 메모리얼은 나치의 대학살로 희생당한 수많은 유대인들을 기리기 위해 2005년도에 개관한 건축물이다. 넓은 광장에 회색 시멘트로 된 사각 기둥들이 일정한 간격을 두고서 빽빽하게 들어서 있는데, 높이가 다양하다. 겉에서 보면 납작한 직육면체처럼 보였는데, 그 안에 들어가 보니 겉으로 보이는 것과는 달리 땅이 점점 깊어지고 기둥들이 점점 높아지는 것 같았다. 어른 키를 훨씬 뛰어넘을 정도였다. 회색 기둥의 미로 사이를 걷고 있자니 끝이 없는 갑갑함과 막막함, 절망감 같은 감정들이 밀려왔다.

댓글 ▼

승윤 왠지 비석 같기도 하고 관 같기도 하네. 이름이나 날짜 같은 건 안 적혀 있어?

민규 아무 글자도 없어. 그런데도 저절로 희생당한 사람들을 추모하게 돼.

교장 독일은 인류 역사에 큰 상처를 입힌 적이 있지. 히틀러는 제2차 세계 대전을 일으키고 게르만 민족주의와 인종 우월주의로 6백만 명 이상의 유대인을 학살했어. 아우슈비츠 수용소는 뼈아픈 역사를 그대로 간직한 곳이야.

안나 너무나 끔찍해요. 어떻게 인간들이 그럴 수 있지요?

교장 대신 그 뒤 독일은 처절하게 반성과 속죄의 행보를 걸어왔어. 1970년에 서독의 빌리 브란트 총리는 폴란드를 방문해서 비를 맞으며 전쟁 희생자 위령탑 앞에서 무릎을 꿇고 눈물을 흘렸어. 평화를 향한 독일의 의지를 전 세계에 각인시킨 사건이야. 게다가 과거 독일의 영토였지만 현재는 폴란드 지역인 곳을 비롯해 전쟁에서 패한 뒤 외국 영토로 귀속된 땅을 영구적으로 포기한다고 선언했어.

안나 프랑스와 함께 공동으로 역사 교과서도 만들지 않았나요?

승윤 역사 교과서는 왜요?

교장 역사 인식에 차이가 있으면 다음 세대에 갈등이 점점 커질 테니까. 철저한 반성과 속죄를 통해 새로운 역사를 써 나간다는 점에서 독일이 대단하지.

정우 이 태도를 옆 나라 일본이 좀 배웠으면 좋겠네요.

댓글

| 아무나 들어갈 수 없는 페이지   www.biwon.magic

홀로코스트 메모리얼 광장 근처에 있는 웅장한 브란덴부르크 문이다. 1791년에 당시 프로이센 제국의 개선문으로 만들어졌다. 동독과 서독으로 분단되었을 때, 이 문은 분단선 역할을 했고, 이 문 옆으로 베를린 장벽이 세워졌다.

댓글 ▼

안나 1989년, 베를린 장벽이 무너지고 그다음 해인 1990년 10월 3일, 독일은 완전히 통일이 되었지. 분단 45년 만인가?

민규 맞아. 그 뒤로 브란덴부르크 문은 자유의 상징이 되었어.

승윤 기둥 모습이 왠지 그리스 신전 같은 느낌이야.

민규 역시 예리해! 아테네의 아크로폴리스 신전 입구를 모델로 건설했대. 문 꼭대기에는 승리의 여신 빅토리아가 마차를 이끌고 가는 모습을 한 동상이 있는데, 나폴레옹이 이끌던 프랑스군에게 빼앗겨 파리로 옮겨졌다가 되찾아 왔다고 해.

정우 그러니까 여기는 말하자면 판문점 같은 곳이네.

민규 나도 그렇게 생각했어.

댓글

이야기를 들으며 민규는 웅장하게 서 있는 문을 바라보았다. 프랑스 파리에 있는 개선문과는 느낌이 달랐다. 브란덴부르크 문은 베를린이 장벽으로 분단되어 있던 시절, 동베를린과 서베를린을 왕래할 수 있었던 유일한 통로였다.

"우리도 판문점 너머로 자유롭게 오갈 수 있는 날이 올까요? 유럽에서 여권을 들고 기차를 타고 동쪽으로 계속 달려서 우리나라에 다다를 수 있다면 얼마나 좋을까요?"

"나도 함께 기원해 주마. 자, 이제 우리는 헤어질 때가 되었구나. 이제 이 문을 통과해 건너편으로 넘어가렴."

민규는 브란덴부르크 문 기둥 사이에 잠시 멈춰 섰다. 민규는 가만히 벽에 손을 대어 보았다. 그리고 이 문 옆이 온통 높고 커다란 장벽으로 가로막힌 모습을 상상해 보았다. 서독과 동독이 마침내 통일되었을 때, 사람들이 이곳에서 너도나도 얼싸안고 노래를 부르는 모습이 그려졌다. 민규는 저도 모르게 미소를 지었다. 돌아보니 루드비히는 사라지고 없었다.

그때였다. 어디에선가 바람에 날려 온 지도 조각 두 개가 눈앞에서 반짝거렸다. 민규가 손바닥을 펴니 지도 조각들이 나비처럼 날아와 내려앉았다. 프랑스와 독일의 지도 조각을 조심스레 감싸며 손바닥을 포개는 순간, 몸이 붕 떠올랐다. 민규는 눈을 꼭 감았다.

이탈리아

"장화 모양의 땅,
아드리아해의 여왕을 만나고 꽃의 도시로 가라.
둥글고 붉은 지붕에 올라
위대한 예술가와 여정을 떠나라."

승윤이는 힌트 쪽지를 고이 간직한 채 버선 앞코처럼 앞이 들린 길쭉한 신발 모양의 배를 타고 있었다. 바로 곤돌라였다. 뒤에서 모자를 쓴 아저씨가 일어선 채 기다란 노를 젓고 있었다.

"물의 도시 베네치아는 도시 전체가 유네스코 세계 문화유산으로 지정된 곳이지."

좁은 물길 양쪽으로 예쁜 집들이 다닥다닥 붙어 있었다. 베네치아는 118개의 작은 섬이 약 4백 개의 다리로 이어져 있다. 크고 넓은 대운하와 작은 운하, 골목길처럼 좁은 운하 위로 수상 택시나 곤돌라가 사람을 나른다.

어디론가 조용히 물살을 가르며 가고 있는데, 어디에선가 바이올린 소리가 들려왔다. 저만치 떨어진 골목길 모퉁이에서 젊은 여인이 바이올린 연주를 하고 있었다. 연주 소리가 멀어져 갈 때쯤 갑자기 아저씨가 같은 곡을 노래로 부르기 시작했다. 베네치아는 자동차 경적 소리나 소음 대신 음악 소리가 도시에 가득한 것 같았다.

"이곳은 무척 아름답네요. 마치 꿈꾸고 있는 것 같아요. 지구상에 이런 아름다운 도시가 있다니! 그런데 어떻게 물 위에 집을 지었지요?"

"잘 썩지 않는 삼나무를 잘라서 기둥을 만든 뒤 물속에 세운 다음, 그 기둥 위에다 집을 지었어. 오래전 베네치아 사람들은 생선과 소금으로 생계를 유지했단다. 문 밖으로 낚싯줄이나 그물을 던져 놓으면 물고기가 많이 잡혔어. 다 먹지 못할 정도로 양이 많아서 바닷물을 증발시켜 얻은 소금에 절여 보관했을 정도야."

"우아! 그걸 팔면 돈이 되었겠는데요."

"맞아. 배로 지중해를 돌며 물고기를 파는 대가로 비단옷과 보석을 받았어. 귀한 물건을 사기 위해 유럽 각지에서 사람들이 베네치아로 몰려들었지. 베네치아가 유럽에서 큰 무역 도시로 성장하는 건 시간문제였어."

승윤이가 양손을 맞잡고 감탄하자 아저씨가 어깨를 으쓱하더니 조금 슬픈 미소를 지었다.

"그런데 말이야, 베네치아는 갯벌이 있는 습지 위에 세워진 도시라서 땅의 토대 부분이 빠르게 침식하고 있어."

"그게 무슨 말씀이세요? 조금씩 가라앉고 있다는 뜻인가요?"

"응, 지구 온난화로 바닷물의 높이가 높아지고 있기 때문이야."

한참 뒤의 일이지만, 이토록 아름다운 도시 전체가 물에 잠길지도 모른다니 승윤이는 도무지 믿기지 않았다. 잠시 뒤, 리알토 다리 밑을 지나 곤돌라가 멈췄다.

"자, 바로 여기가 네가 가고 싶다던 공예점이야."

곤돌라에서 폴짝 뛰어내린 승윤이는 아저씨에게 인사를 하고, 화려한 축제 가면과 유리 공예품이 진열되어 있는 상점으로 홀린 듯 들어갔다.

| 아무나 들어갈 수 없는 페이지   www.biwon.magic

이곳은 모든 것이 아름답다. 리알토 다리 근처의 공예품점에 들어가 이것저것 정신없이 구경한 뒤, 주인 언니에게 아드리아해의 여왕이 누구냐고, 꼭 만나야 한다고 했더니 그 언니가 깔깔 웃으며 말해 줬다. 베네치아가 바로 아드리아해의 여왕이란다. 역시 궁금하면 물어보는 게 최고다.

댓글 ▼

정우 승윤아, 너 베네치아 가면 만드느라 돌아오는 거 잊어버리면 안 된다.

승윤 음, 하나 샀으니 집에 돌아가서 똑같이 만들어 보면 돼. 난 사실 유리 공예를 배우고 싶지만…….

정우 참아야 해! 그런데 왜 베네치아를 아드리아해의 여왕이라고 해? 이탈리아는 지중해에 있는 거 아니야?

승윤 베네치아는 이탈리아 북동쪽에 있는데, 베네치아가 접하고 있는 바다가 아드리아해야.

안나 그렇다면 다음 목적지는 '꽃의 도시'라는 뜻의 '피렌체'이겠구나.

승윤 역시 안나 언니는 걸어 다니는 백과사전이야!

| 아무나 들어갈 수 없는 페이지 | www.biwon.magic |

피렌체로 가기 전에 들렀던 패션의 도시 밀라노에서 먹은 리소토이다. 열차에 올라탔는데, 동부에서 서부로 가려니 아펜니노산맥이 가로막고 있었다. 터널을 수십 개 정도 지난 것 같아 어질어질했다. 밀라노는 안개가 조금 끼고 비가 내렸다. 알프스산맥과 강의 영향 때문이라고 한다. 아침저녁으로 온도 차도 컸다.

댓글 ▼

정우 이탈리아 하면 피자나 파스타 아닌가?

승윤 이탈리아 북부 지방은 벼나 밀 농사가 잘되기 때문에 쌀이나 밀로 만든 음식을 많이 먹는대. 버터나 치즈 같은 유제품도 풍부하고. 거의 모든 메뉴에 리소토가 포함돼. 오늘 내가 먹은 리소토에는 사프란이 들어가서 노란빛을 띠었어.

정우 말하자면, 카레향 안 나는 느끼한 밥인가?

민규 리소토는 쌀을 버터나 올리브유에 살짝 볶은 다음에 육수를 붓고 채소, 고기, 해산물, 향신료 등을 넣어 졸이는 거야.

정우 오, 나는 오늘 사프란이 들어간 파에야를 먹었는데! 이것도 약간 리소토랑 비슷한 것 같아.

민규 맞아. 만드는 방식이 굉장히 비슷해.

✉ 교장 선생님의 한마디

이탈리아 위치

이탈리아는 유럽 남부 지중해 중앙부, 북서에서 남동으로 약 천 2백 킬로미터에 걸쳐 장화 모양으로 뻗은 반도 국가이다. 남쪽의 시칠리아와 서쪽의 사르데냐 두 섬도 포함한다. 한반도의 약 1.4배 크기인데, 지형적으로 우리나라와 비슷한 편이다. 대륙 끄트머리에 튀어나온 반도이면서 남북으로 길고, 삼면이 바다에 접해 있다. 북쪽은 알프스산맥을 경

계로, 프랑스·스위스·오스트리아·슬로베니아와 접하고, 동쪽으로 아드리아해, 서쪽으로 티레니아해가 있다.

이탈리아 지형

이탈리아는 산지와 구릉이 풍부한 대신, 평야는 적은 편이다. 한반도의 등줄기에 태백산맥이 뻗어 있는 것과 마찬가지로, 이탈리아에는 아펜니노산맥이 척추처럼 뻗어 있다. 아펜니노산맥은 좁고 긴 지형의 이탈리아 반도의 중앙을 가르고 있기 때문에, 겨울이 되면 이탈리아 어느 곳에서도 스키를 타러 가기가 편하다.

포강은 이탈리아에서 가장 긴 강인데, 북부의 알프스산맥에서 시작된다. 이탈리아 최대의 충적 평야인 포 평원을 이루며 아드리아해로 흘러 나간다. 포 평원에 있는 도시로는, 상업 도시 토리노, 패션 중심지 밀라노가 있다. 토리노, 밀라노와 더불어 이탈리아 제1의 항구 도시인 제노바는 이탈리아 공업 지대의 중심을 이룬다.

토리노
밀라노
제노바

이탈리아 음식

이탈리아의 자연과 문화는 유럽의 특색과 지중해 지방의 특색을 고루 갖추고 있다. 한편 나라 자체가 길쭉한 지형이기 때문에 지역에 따라 기후, 자연, 문화의 차이가 뚜렷하고, 이는 음식 문화나 요리 방식에 영향을 준다. 이렇게 형성된 지역색이 강하기 때문에, 각 지역 사람들 나름의 자부심이 있다.

이탈리아 북서부 요리는 프랑스의 영향으로 다양하고 고급스러운 편이지만, 오스트리아와 접한 북동부의 요리는 비교적 심심한 편이다. 반면 반도 남쪽의 무더운 지중해 쪽 요리는 맛이 강하고, 매콤한 음식도 즐겨 먹는다.

지중해 연안에서는 여름철의 고온 건조한 기후에 견딜 수 있는 올리브나 소나무, 코르크참나무 같은 경엽수와 포도가 흔히 자라는데, 특히 이탈리아에는 올리브 나무가 전국적으로 분포한다. 이탈리아 음식은 올리브와 토마토, 그리고 포도주를 빼고는 논할 수 없는데, 이탈리아 곳곳에서 자라는 올리브의 열매는 요리에 요긴하게 쓰인다. 올리브를 짜서 만든 올리브유는 우리나라로 치면 된장, 고추장, 간장처럼 요리에 빠질 수 없는 필수 재료이고, 샐러드에 넣거나 통째로 절여 먹는 올리브 열매는 김치나 마찬가지이다.

미켈란젤로를 만나다

승윤이는 '꽃다운 성모 마리아 대성당'이라는 뜻을 가진 산타 마리아 델 피오레 대성당에 들어섰다. 그리고 둥근 지붕 쿠폴라 위에서 피렌체 전경을 보기 위해서 큰맘 먹고 463개의 계단을 올랐다. 승윤이는 땀이 나고 다리가 후들거렸다. 계단은 위로 갈수록 점점 좁아져 나중에는 내려오는 사람이 있으면 올라가던 사람은 벽에 바짝 붙어 서야 했다. 마침내 꼭대기의 작은 문으로 나가니 지붕 둘레로 탁 트인 공간이 있었다.

"우아!"

한눈에 들어오는 온통 붉은 지붕의 피렌체 전경을 내려다보니 동화 속 나라에 있는 것 같았다.

"피렌체는 14세기 초부터 16세기까지 이어진 르네상스의 중심 도시라고 할 수 있지. 아름다운 문화와 경제적 풍요를 꽃피운 르네상스 시대를 상징하는 곳이야."

갑자기 들려오는 목소리에 승윤이가 깜짝 놀라 돌아보니 허름한 옷을 입은 아저씨가 서 있었다.

"아저씨가 바로 위대한 예술가이신 거로군요!"

"하하, 네가 그렇게 말해 준다면야. 피렌체에는 내 예술 인생의 업적이 도시 전체에 펼쳐져 있지. 내 이름을 딴 광장에 함께 올라가 보겠니? 그곳에서도 피렌체가 한눈에 내려다보인단다."

"좋아요. 근데 아저씨가 혹시 미켈란젤로 님이신가요?"

"똑똑하구나!"

승윤이가 간 곳은 다비드상이 서 있는 미켈란젤로 광장이었다. 광장에서 보는 피렌체 전경도 성당에서 보는 것 못지않게 아름다웠다. 그러고는 아카데미아 미술관에 가서 다비드상 진품을 보았다.

"미켈란젤로 님, 어떻게 조각상이 이렇게 당장 살아 움직일 것 같은 모습일 수 있지요? 근육의 움직임이나 핏줄까지 생생해요."

"내가 해부학에 관심이 많아서 공부를 좀 했거든. 인간의 신체를 연구하지 않으면 그림이든 조각이든 제대로 해낼 수 없었어."

"좋아하고 잘하고 싶은 일을 하려면 여러 가지 지식을 많이 쌓을 필요가 있겠어요."

승윤이는 주먹을 꼭 쥐었다.

| 아무나 들어갈 수 없는 페이지　www.biwon.magic

15세기 르네상스의 중심 피렌체. 미켈란젤로, 레오나르도 다 빈치, 루벤스 같은 거장들은 모두 메디치 가문의 후원 덕분에 수많은 작품을 남길 수 있었다. 피렌체에는 그 외에도 부유한 상인이 많았는데, 자신들의 호화로운 저택이나 교회 예배당 같은 곳을 장식할 예술품을 주문했다고 한다. 지금은 인류의 유산이 된 〈시스티나 성당 천장화〉나 〈모나리자〉 등도 그렇게 탄생하게 된 것이라고. 참! 두오모 광장에서 산타 크로체 성당으로 이어진 골목에서 피노키오 인형을 만났다. 그리고 피노키오 인형에게 다음 힌트 쪽지를 받았다!

댓글 ▼

안나 두 번째 힌트 쪽지를 발견해서 다행이야. 피렌체는 《피노키오의 모험》을 쓴 작가 카를로 콜로디의 고향이기도 하지.

승윤 참, 이탈리아 출신인 미켈란젤로와 콜럼버스가 같은 시대 인물인 거 알아?

정우 정말? 미켈란젤로가 훨씬 더 옛날 인물일 것 같은데.

승윤 콜럼버스는 이탈리아를 떠나 에스파냐 왕실의 후원으로 미지의 땅을 탐험하는 일에 거의 평생을 바쳤어. 반면에 미켈란젤로는 자기 나라 이탈리아에서 아름다운 그림을 그리고 조각을 하고 건물을 지었지. 나는 왠지 미켈란젤로의 그런 점이 마음에 들어.

정우 너랑 비슷하네.

도시 전체가 유적지인 로마

"오래된 수도 속 가장 작은 나라의 중심에 서면, 남쪽의 항구에서 푸른빛의 동굴로 나아가리라."

이탈리아 수도 로마에 도착한 승윤이는 깜짝 놀랐다. 도시 전체가 유적지라는 말이 실감이 났기 때문이다.

"로마에서 1년 동안 성당만 돌아보는 성지 순례자들도 있어."

로마에는 고대 로마의 역사를 그대로 간직한 건축물과 여러 미술품이 고스란히 남아 있다.

"이탈리아 성당에 있는 조각이나 부조 작품들은 굉장히 생동감이 넘쳐요. 자세히 보면 비슷한 게 하나도 없어요."

로마 시내는 둥근 원 모양처럼 생겼다. 아펜니노산맥에서 시작된 테베레강이 로마와 면하며 주로 홍적층으로 덮여 있는 대지이다. 로마는 북서부에 있는 바티칸 시국과 테베레강 동쪽 연안에 있는 팔라티노 언덕을 중심으로 수많은 유적이 펼쳐져 있다.

판테온 신전에 들어간 승윤이에게 미켈란젤로는 뭔가 특이한 점을 찾아보라고 했다.

"어, 그러고 보니 실내에 기둥이 하나도 없네요. 그리고 천장 한가운데에 동그랗고 커다란 구멍이 뚫려 있어요. 비가 오면 어떡하죠?"

"적은 비는 문제 없어. 비가 오면, 판테온 내부에 있던 뜨거운 공기가 위에 뚫린 구멍으로 향하거든. 이렇게 올라온 공기는 작은 빗방울을 구멍 바깥으로 밀어 내지. 그 덕분에 빗방울이 건물 안으로 들어오지 못한단다. 소나기처럼 강한 비가 오면, 빗물은 살짝 기울어진 바닥을 따라 곳곳에 뚫린 구멍으로 빠져 나가. 이렇게 경이롭고 웅장한 판테온을 보고 나는 '천사의 설계'라고 극찬했지. 고대 로마 건축의 원형을 잘 간직하고 있거든."

판테온 신전을 떠나며 승윤이는 의문이 들었다. 판테온 외부가 사진으로 본 그리스 신전과 매우 비슷했기 때문이다.

"로마 신화는 그리스 신화에 토대를 두고 있어. 그리스 문화는 로마 문화의 뿌리가 되었지. 유럽 대부분이 사용하는 문자인 알파벳을 우리가 '로마자'라고 부르는 거 알지? 로마자는 지중해 무역의 주인공인 에트루리아인이 그리스에서 받아들인 문자에서 시작되었어. 에트루리아인들은 이탈리아 땅에 가장 먼저 문명을 꽃피웠어. 이후 라틴족이 침입했지."

"과거 로마 제국의 문화는 라틴족과 에트루리아인들의 문명이 합쳐져 탄생한 거겠네요."

"그렇단다. 자, 이제 세계에서 가장 작은 나라로 떠나 볼까?"

"여기에서 먼가요?"

"무척 가까워. 가기 전에 세상에서 가장 맛있는 아이스크림을 사 주마."

승윤이는 고개를 갸우뚱하다가 박수를 쳤다.

| 아무나 들어갈 수 없는 페이지   www.biwon.magic

고대 로마 사람들은 하나의 신만 섬긴 게 아니다. 그들은 모든 신을 함께 모신 신전을 만들었는데, 이것이 바로 '모든 신'이라는 뜻의 판테온이다. 기원전 27년, 아우구스투스 황제의 사위인 아그리파가 지었는데, 대화재로 파괴되었다. 그 뒤 하드리아누스 황제가 재건하며 오늘날의 모습을 갖췄다.

댓글 ▼

승윤 고대 로마 시대에 지어진 판테온이 과학적으로 설계되었다는 게 신기해.

안나 우리나라 경주에 있는 석굴암이 떠오르네.

정우 석굴암은 왜?

승윤 석굴암은 원래 처음 지었을 때에는 자연적으로 내부에 습기가 차지 않도록 설계되었거든. 미켈란젤로 님께도 석굴암에 대해 이야기해 드렸어.

민규 과학이 발전하지 않았던 먼 옛날, 건축 설계를 그토록 지혜롭게 했다니 대단한걸!

| 아무나 들어갈 수 없는 페이지   www.biwon.magic

미켈란젤로 님께서 젤라토 아이스크림을 사 주셨다. 젤라토는 이탈리아어로 '얼린'이라는 뜻이다. 이탈리아에서 젤라토는 아이스크림 자체를 뜻한다. 나는 관광객들이 하는 대로 아이스크림을 입에 물고 트레비 분수를 등진 채 오른손으로 동전을 잡고 왼쪽 어깨 너머로 던졌다. 동전이 분수에 퐁당 하고 빠졌다. 동전이 분수에 한 번 들어가면 로마에 다시 오게 되고, 두 번 들어가면 좋아하는 사람과 이루어진다고 한다. 그런데 세 번 들어가면 사랑하는 사람과 헤어지게 된다네!

댓글 ▼

안나 에이, 두 번 던지지 그랬어?

승윤 언니, 무슨 소리야.

민규 그런데 이탈리아에 젤라토 만드는 걸 배울 수 있는 학교도 있다는 것 알고 있니?

승윤

민규 젤라토는 과즙에 우유, 설탕, 달걀 흰자 등을 넣어 만든 게 기본이고, 커피와 초콜릿을 넣어 만들기도 해. 유지방이 일반 아이스크림의 절반 수준이고, 칼로리도 낮아서 다이어트하는 사람들에게도 인기야. 대부분 젤라토 전문 가게에서 직접 만들기 때문에 신선하고, 아이스크림보다 공기를 덜 포함하고 있어서 밀도가 높아. 이탈리아에서는 식사를 자주 거르는 아이들이 식사 대신 젤라토를 먹기도 해. 으음, 당장 먹고 싶네. 날도 더운데.

승윤 역시 음식 장인이십니다. 나는 그렇다면 오늘 점심을 젤라토 두 개로 하겠어.

교장 선생님의 한마디

트레비 분수

오래된 도시인 로마에는 곳곳에 물을 공급하는 수로망이 있었는데, 서로마 제국이 멸망한 뒤, 많은 이민족들이 침입하면서 이를 파괴했다. 그러자 로마에 물 부족 현상이 일어났고, 15세기 이후 로마를 재정비하기 위해 분수와 수로를 만들자 해소되었다. 그중에 가장 유명한 것이 1762년에 완성된 트레비 분수이다. 트레비 분수는 바로크 양식의 걸작품으로 손꼽히며 예술가들에게 추앙받고 있다. 트레비 분수의 중앙에 있는 근엄하고 화려한 모양의 조각상은 바다의 신인 넵투누스이다. 테베레강이 자주 범람해서 이곳까지 물에 잠길 때가 많았는데, 이를 막고 싶은 마음을 담아 바다의 신을 이곳에 만들었다고 한다.

세계에서 가장 작은 나라인 바티칸은 로마 안에 있는 또 하나의 나라이다. 전 세계 가톨릭교회와 교구를 총괄하는 교황청과 성 베드로 대성당이 있는 곳이다. 미켈란젤로는 바티칸이 자꾸만 오고 싶은 마음의 고향이라며 이것저것 설명하기에 바빴다.

"바티칸에 속한 영토는 성 베드로 대성당과 그 앞의 광장, 박물관 등 교황청 부속 건물들을 다 포함해. 인구는 천 명이 채 안 되지만 있을 건 다 있지. 여러 나라 대사관, 방송국, 은행, 우체국도 있단다."

승윤이는 성 베드로 대성당 앞에 섰다.

"성 베드로 대성당 자리에서 예수의 제자인 베드로가 십자가에 못 박혀 처형되었어. 성 베드로는 첫 번째 사제이지. 그리고 이곳의 돔을 누가 설계했는지 아니?"

승윤이는 빙그레 웃어 보였다.

"제 앞에 서 계신 분 같은데요. 조각가이자 화가이며 건축가이기도 한 분이요."

미켈란젤로는 말없이 어깨를 으쓱했다.

승윤이는 미켈란젤로를 따라서 교황이 미사를 집전하는 시스티나 성당에 들어갔다. 르네상스 시대를 대표하는 미켈란젤로의 두 작품이 있었다. 천장에 그린 〈천지창조〉와 벽화인 〈최후의 심판〉이다.

"편안하게 보려면 바닥에 등을 대고 누워 보렴."

승윤이는 바닥에 털썩 앉아 그대로 누웠다. 어마어마한 그림이 한눈에 들어왔다.

"옛날 일이 떠오르는구나. 이 그림을 완성하느라 꼬박 4년 동안 이 성당에서 거의 살다시피 했어. 1512년에 마침내 〈천지창조〉를 완성했지."

승윤이는 일어나 앉았다.

"미술 선생님께 들은 이야기가 있어요. 하루는 천장 구석에 그림을 그리고 있었는데, 한 친구가 물었다지요? 잘 보이지도 않는 구석까지 뭘 그렇게 정성스레 그림을 그리느냐고요. 누가 그걸 알아주겠냐면서요."

그러자 미켈란젤로가 웃으며 대답했다.

"'내가 알지.'라고 했지."

승윤이는 일어나 폴짝 뛰었다.

"그래서 칭찬이나 출세와 같은 겉보기의 이유가 아니라, 자기 자신의 성취감 때문에 무언가를 할 때 '미켈란젤로의 동기'라고 부른대요."

"그거 참 영광인걸!"

"저도 제 마음이 순수하게 원하는 일을 열심히 하고 싶어요."

미켈란젤로는 승윤이를 기특하게 바라보며 머리를 쓰다듬었다.

| 아무나 들어갈 수 없는 페이지   www.biwon.magic

1929년 이탈리아 정부와 교황청 사이에 체결된 조약에 의해 로마 안에 독립 국가인 바티칸 시국이 탄생했다. 성 베드로 광장 정중앙에는 로마의 황제 칼리굴라가 이집트에서 가져온 높이 25.5미터의 오벨리스크가 서 있다. 오벨리스크를 중심으로, 반원형의 광장 좌우에는 여러 개의 원형 기둥이 회랑 위의 테라스를 떠받치고 있는데, 테라스 위에는 140명의 성인 동상이 서 있다. 광장은 세계 각지에서 몰려든 가톨릭 신자들과 관광객들로 붐볐다.

댓글 ▼

교장 이탈리아는 전 세계 가톨릭의 수장인 교황이 유럽을 지배하던 시대부터 가톨릭의 본고장이자 중심지였어. 전체 인구의 약 90퍼센트 이상이 가톨릭 신자이지.

안나 이제 '남쪽의 항구'로 가는 거야?

승윤 응. 나폴리로 가면 될 것 같아.

민규 오, 피자 맛있겠다!

승윤 나는 미션을 수행하러 가는 거라고.

이탈리아 남부로

 로마에서 기차로 한 시간 조금 넘게 남쪽으로 내려가면 작은 언덕에 둘러싸여 있는 도시 나폴리가 있다. 남쪽에는 티레니아해, 동쪽에 베수비오 화산이 있는데, 유럽 사람들이 즐겨 찾는 휴양 도시이다.

 "아름다운 항구 도시인 나폴리는 과거 교통의 요지이자 전략적 요충지였어. 원래 그리스 사람들이 터를 닦았지만, 지중해를 장악하기 위해 노르만족, 시칠리아 왕국, 로마 제국, 독일, 프랑스, 에스파냐 등의 침략을 받았지."

 미켈란젤로는 어느새인가 모래사장 위에 그림을 그리고 있었다. 승윤이는 뜨거운 태양 아래 시원한 바닷물에 발을 담갔다. 그러자 기분이 좋아졌다.

 "우리나라에서는 나폴리 하면 피자가 떠올라요. 점심으로 피자를 먹어도 될까요?"

 "물론이야. 파스타도 시키자꾸나."

 승윤이는 발에 묻은 물기를 대충 털고 맨발로 걸어가서 해변에 있는 식당 바깥에 자리를 잡았다.

 "이탈리아 남부는 지중해 중심부에 있어서 해산물이 풍부하지. 게다가 올리브, 토마토 등 질 좋은 농산물도 많이 생산돼. 이처럼 풍부한 식재료를 이용해 건강하고 맛있는 요리가 많단다."

메뉴판을 보다가 승윤이가 물었다.

"마르게리타 피자를 나폴리에서 만들어 먹기 시작했다고요?"

"그래. 18세기 무렵 발효시킨 밀가루 반죽을 납작하게 만들어 구운 뒤 모차렐라 치즈, 토마토 등을 얹어 먹기 시작했지. 이탈리아 국기 색깔은 흰색, 빨간색, 초록색이야. 왜 그럴까?"

"설마요."

"맞아. 흰색은 모차렐라 치즈, 빨간색은 토마토, 초록색은 바질을 상징하는 거야."

"이탈리아 국기가 마르게리타 피자라고요?"

"뭐, 그런 셈이지."

잠시 뒤 작은 키에 짙은 머리카락, 검은 눈동자의 식당 주인이 김이 모락모락 나는 피자를 들고 나타났다. 그는 연신 노래를 흥얼거리고 있었다. 승윤이는 두리번거리고는 작은 목소리로 물었다.

"밀라노에는 키가 크고 금발에 푸른 눈동자를 가진 사람들이 많았는데, 나폴리는 그렇지 않네요. 피부가 어둡고 아랍 계통 사람들이 많은 것 같아요."

"이탈리아 북부는 역사적으로 켈트족, 게르만족, 프랑크족이 들어와 정착했어. 반면 남부는 아랍인과 아프리카인이 들어와 정착해서 사람들의 외모가 다르지. 북부는 일찍부터 산업이 발달한 반면에, 남부는 상대적으로 산업화가 더디고 농업 중심으로 발달했어."

승윤이는 먼바다와 나른한 오후 분위기의 나폴리 항구를 바라보았다.

"자, 이제 후식도 먹었으니, 푸른빛의 동굴로 가 보자꾸나!"

"근데 푸른빛의 동굴은 어디를 이야기하는 걸까요?"

"우선 카프리섬으로 가야 한단다."

섬으로 향하는 페리 위, 승윤이는 눈앞에 펼쳐진 파란 바다를 실컷 바라보았다.

"우아! 정말 아름답네요!"

드디어 나폴리만 입구에 있는 카프리섬에 다다르자 승윤이는 탄성을 질렀다. 항구 모습이 마치 그림 같았다.

"카프리섬은 섬 전체가 용암으로 뒤덮여 있어서 다양한 식물이 자라기에 적당하지. 기후가 온난하고 풍경이 아름다워서 관광지로도 유명하단다. 바로 이 근처에 '푸른 동굴'이 있어."

승윤이와 미켈란젤로는 카프리섬에서 작은 배로 갈아탔다. 하늘과 구분이 안 되는 바다 위로 나아가니 곧 '푸른 동굴'에 들어갈 수 있었다. 눈부신 햇살이 동굴 속까지 따라 들어오는 것 같았다. 승윤이는 온통 푸른빛 속에 누워 있는 기분이 들었다. 그때 어디에선가 반짝이는 쪽지가 날아들었다.

"시간이 멈춘 마을에 머물면
마침내 시간이 시작되는 곳에 당도하리니."

"시간이 멈춘 마을이 도대체 어디일까요?"

쪽지를 확인한 승윤이가 미켈란젤로에게 물었다.

"도시 전체가 일종의 타임캡슐인 곳을 상상해 본 적 있니?"

미켈란젤로의 웃음에 승윤이는 눈을 깜빡였다.

"화산이 폭발하면 마그마가 끓어 넘쳐서 산허리를 타고 흘러내리다가 차츰 식어 바위로 굳어지지. 풍부한 화산암은 나폴리에서 도로 포장에 유용하게 쓰여 왔어."

"우리나라 제주도에도 비슷한 돌이 많아요."

"그래. 나폴리와 가까운 곳에 도시 전체가 화산재에 파묻힌 곳이 있단다."

"오! '폼페이 최후의 날', 바로 그곳이로군요."

승윤이와 미켈란젤로는 함께 폼페이로 향했다.

"폼페이는 나폴리 연안에 있던 고대 항구 도시야. 베수비오 화산 근처에 있지. 오래전 베수비오 화산이 갑자기 폭발하는 바람에 미처 피하지 못한 2천여 명의 폼페이 사람들이 그대로 화산력과 화산재에 파묻혔어. 장소에 따라 1미터에서 7미터까지 쌓인 화산재는 그대로 콘크리트처럼 굳어졌단다."

승윤이는 몸을 부르르 떨었다.

"너무 무서워요. 그러다 우연히 발굴된 거군요."

"그 덕에 폼페이 사람들의 생활 모습과 수많은 문화재가 그대로 남아 있을 수 있었단다. 마치 시간이 멈춘 도시를 보여 주는 것 같지."

승윤이는 폼페이의 마을 곳곳을 둘러보았다. 뜨겁게 내리쬐는 태양에 그늘을 찾아 헤매야 했다. 오래된 마을의 구석구석에 옛사람들의 흔적이 그대로 남아 있었다.

"시간이 시작되는 곳은 어떻게 찾지요?"

"승윤아, 이제부터는 네 몫인 것 같구나. 즐거운 여행이었단다."

미켈란젤로는 승윤이 어깨에 잠시 손을 얹고는 오래된 도시의 기둥 사이로 사라졌다. 승윤이는 멍하니 서 있었다. 사방이 고요해지고 어디에선가 바람이 불어왔다. 승윤이 앞에 반짝이는 지도 조각이 떠올랐다. 두 손을 내밀어 손으로 감싸 쥐자 몸이 붕 떠올랐다.

에스파냐

> "키 작은 노파가 바다를 향해 축구공을 차는 곳,
> 노파의 얼굴에서 굽이치는 건물과
> 붉은 물결을 만나게 되리라.
> 마침내 언덕 위의 붉은 궁전에 서면,
> 원래 있었던 새로운 곳을 발견하리니."

이게 도대체 무슨 말일까? 키 작은 할머니가 축구공을 차다니. 정우는 마드리드 왕궁 앞에 선 채 주문을 외우듯 힌트 쪽지에 적힌 문장을 읊어 보았다.

"너는 이미 그곳에 와 있으니 걱정하지 말렴."

고개를 돌려 보니 웬 아저씨가 정우 옆에 서 있었다.

"누구세요?"

"나는 마젤란이라고 해. 너처럼 모험을 좋아하고, 제자리에 가만히 있으면 좀이 쑤시는 사람이란다."

"인류 최초로 지구를 한 바퀴 돌아 항해한, 그 마젤란이라고요?"

정우는 혼자서 지도 조각을 어떻게 찾나 싶어서 걱정했는데, 안도감에 긴장이 풀리면서 갑자기 신이 났다. 정우는 어서 빨리 이곳저곳을 돌아다니고

싶었다.

정우와 마젤란은 마드리드 왕궁의 끝없는 방을 구경하다가 바깥으로 나갔다. 하늘은 파랗고 태양이 뜨거웠다. 중세 시대의 저택과 고딕 양식의 대성당, 르네상스 시대의 화려한 성들이 곳곳에 있었다. 정우는 너무 더워서 마젤란과 식당에 들러 땀을 식혔다. 포도주를 마시는 사람들이 눈에 많이 띄었다.

"이 근방은 포도주 생산에 최적의 조건을 갖고 있지. 에스파냐가 위치한 이베리아반도는 크기가 워낙 커서 지역마다 기후 차이가 꽤 난단다. 마드리드가 있는 중부 지방은 고원 지대야. 초원 지대라 목축이 발달했고, 계절별로 기온 차가 뚜렷한 편이지. 겨울은 평균 기온이 5도 안팎 정도야. 한편 남쪽 지중해 부근은 훨씬 따뜻하단다."

"여름만 이렇게 덥나요? 그래도 추운 것보다는 나아요. 여름에는 땀을 뻘뻘 흘리며 돌아다녀야 제맛이죠."

정우는 차가운 레모네이드를 벌컥벌컥 들이켜며 말했다.

"정우 너는 역시 나와 인생관이 똑같구나."

마젤란은 껄껄 웃으며 콧수염을 쓰다듬었다.

| 아무나 들어갈 수 없는 페이지   www.biwon.magic

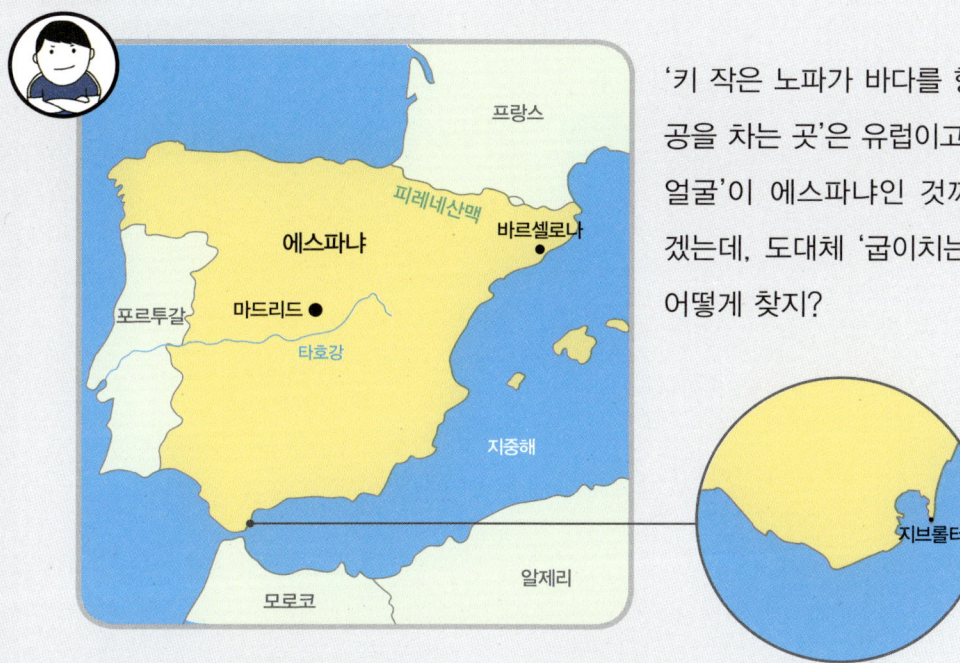

'키 작은 노파가 바다를 향해 축구공을 차는 곳'은 유럽이고, '노파의 얼굴'이 에스파냐인 것까지는 알겠는데, 도대체 '굽이치는 건물'은 어떻게 찾지?

댓글 ▼

민규 근데 키 작은 노파가 바다를 향해 축구공을 차는 곳이 왜 유럽이야?

승윤 알겠다! 유럽 지도를 옆으로 돌려 보면 큰 머리에 등은 굽고 긴 다리를 가진, 키 작은 할머니가 바다로 축구공을 뻥 차는 모양이네. 내가 있는 이탈리아가 긴 다리이고, 축구공이 시칠리아섬인 셈이야!

정우 맞아. 머리 부분이 바로 에스파냐인데, 모자를 썼다고 치면 포르투갈이 모자이고 목 부분이 피레네산맥, 코 부분은 지브롤터야.

안나 오올, 정우. 힌트를 척척 풀다니, 대단한데.

정우 실은 누구의 도움을 좀 받았지.

101

교장 선생님의 한마디

에스파냐의 지형과 기후

에스파냐는 유럽 서남쪽 끝 이베리아반도에 위치하고 있다. 에스파냐 전체 면적은 한반도의 두 배가 넘는다. 국토의 3분의 1이 산지이며, 여러 산맥과 고원이 있어 유럽에서 높은 지형에 속한다. 남부는 강이 흘러서 땅이 비옥하고 포도, 오렌지, 올리브가 많이 난다. 남동쪽으로는 시에라네바다산맥의 산봉우리와 해안까지 다양한 자연환경이 펼쳐진다. 따라서 지형과 기후에 따라 다양한 지역 문화를 가지고 있다.

에스파냐의 문화

유럽을 대표하는 민족으로 게르만족, 슬라브족, 라틴족 등이 있는데, 에스파냐 사람들은 대부분 라틴족의 후손들이며 그 외에 원주민과 다양한 혼혈 민족으로 구성되어 있다. 종교는 국민의 70퍼센트 이상이 가톨릭 신자이다. 대부분 에스파냐어를 사용하지만 카탈루냐, 바스크 지역 등에서는 각각 자신들의 언어를 사용한다. 전 세계에서 5억 명이 넘는 인구가 에스파냐어를 사용하는데, 모국어 사용자를 기준으로 중국어에 이어 세계에서 두 번째로 많이 쓰이는 언어이다.

바르셀로나와 천재 건축가 가우디

"굽이치는 건물이 있는 곳이라면 갈 만한 곳이 한 군데 있지. 동쪽 위로 가자꾸나!"

에스파냐의 동부 지역은 피레네산맥의 춥고 건조한 기후부터 해안 지역의 따뜻한 지중해성 기후까지 다양한 기후가 나타난다. 지리적으로 프랑스와 가까워서 유럽 문화의 영향을 많이 받았고, 옛 수도원이나 로마 건축물 등 역사적인 유적지가 많다. 정우는 에스파냐 제2의 도시 바르셀로나로 향했다. 마침내 바르셀로나에 이르러 중심가를 걷고 있는 도중에, 저 멀리 이상하게 생긴 건물이 눈에 들어왔다. 옥수수를 다 먹고 남은 옥수수자루처럼 생긴 건물이었다. 가까이 가서 고개를 들었을 때, 정우는 자신도 모르게 입이 떡 벌어졌다. 마젤란도 감탄스럽다는 듯 고개를 끄덕였다.

"바르셀로나의 명물, 사그라다 파밀리아 성당이야."

"맙소사! 이런 걸 누가 지었어요? 아니, 누가 설계했어요? 얼마나 걸렸어요? 아니, 아직도 건설 중인 것 같은데요?"

"하하, 하나씩 천천히 질문해야지. 천재 건축가 가우디라고 들어 봤니? 바로 그의 작품이지. 가우디는 이 세상을 떠났지만, 건물은 여전히 짓고 있어."

성당 내부에 들어선 정우는 다시 한 번 놀랐다. 기괴한 외관과는 달리 빛이 들어오는 모습이나 색감이 마치 다른 세상에 들어와 있는 것 같았다.

"세계적인 건축가 안토니오 가우디는 카탈루냐 지방의 작은 시골 마을에서 태어나 바르셀로나를 중심으로 독특한 건축물을 많이 남겼어. 주로 자연에서 영감을 얻은 곡선으로 건물을 설계했고, 섬세하고 강렬한 색상으로 장식했지."

"여기는 직접 와 보지 않고는 이 느낌을 알 수 없을 것 같아요. 말로 표현할 수 없다는 게 딱 이런 기분인가 봐요."

| 아무나 들어갈 수 없는 페이지 | www.biwon.magic |

처음에 딱 봤을 때에는 무섭게 생긴 옥수수인 줄……. 가우디의 대표작인 사그라다 파밀리아 성당은 유럽에서 가장 유명한 건축물 중 하나이다. 가우디는 1883년부터 건축 책임을 맡으면서 사그라다 파밀리아 성당의 설계와 건축 작업에 여생을 바쳤다고 한다. 가우디는 1926년, 눈을 감을 때까지 공사 현장에서 생활하였다.

댓글 ▼

승윤 가우디 님의 건축물을 직접 보다니! 지금 이 순간 정우 네가 가장 부럽다!

정우 인정! 사진 많이 찍어 둘 테니 나중에 봐라.

안나 가우디는 몬세라트산의 기괴한 바위와 잎사귀, 나뭇가지 등을 모티프로 이 건물을 디자인했다고 해. 석회암과 철을 이용해서 파도처럼 굽이치는 부드러운 곡선 모양으로 외벽을 설계했어.

정우 그래서 건물 전체가 꿈틀대는 독특한 느낌을 주는 거구나!

승윤 피카소 같은 동시대의 예술가들도 가우디의 건축물에서 예술적 영감을 많이 얻었다는 얘기를 들었어. 그런데 정우야, 가우디가 지은 카사 바트요 사진도 올려 주면 안 돼?

정우 승윤, 네가 원했던 카사 바트요 사진이야.

축제의 나라 에스파냐

가우디의 건축물에서 지도 조각을 찾지 못한 정우는 바르셀로나 아래쪽의 발렌시아 지방으로 향했다. 마젤란을 따라 부놀이라는 마을로 들어서는데, 갑자기 어디에선가 함성 소리가 들려왔다.

"아니 이게 무슨 일이지? 왜들 저러는 거예요. 으악!"

이윽고 얼굴과 옷이 온통 붉게 물든 사람들이 무언가를 잔뜩 손에 쥔 채 사방에서 달려왔다.

"앗, 시끄러운 토마토 괴물들이다. 일단 뛰자."

정우는 마젤란과 함께 열심히 달려 건물 2층에 있는 카페로 올라갔다. 정우는 숨을 헐떡이며 창가에 앉아 사람들을 구경했다. 그때, 놀라운 광경이

펼쳐졌다. 토마토 수백, 수천 개를 가득 실은 트럭이 지나가고, 사람들은 토마토를 손에서 으깨어 사방팔방으로 던져 댔다. 으깬 토마토가 강처럼 흐르기도 하고, 그 안에서 행복한 얼굴로 헤엄치는 아이들도 보였다. 마젤란은 고개를 저으며 땀을 닦아 냈다.

"아무리 내가 탐험가라지만, 난 저건 도저히 못 하겠다."

정우는 웃음을 터뜨렸다.

"그러고 보니 '붉은 물결'을 만났네요. 지도 조각을 곧 발견할지도 모르겠어요. 그나저나 이 난리는 도대체 어떻게 시작된 거예요?"

정우의 질문에 마침 주스를 가져다주던 종업원이 어깨를 으쓱하더니 이야기를 늘어놓았다.

"이 축제는 '라 토마티나'라고 해. 유래가 확실하지는 않지만 1944년에 토마토 값이 폭락하자 화난 농부들이 시의원들에게 토마토를 던진 일이 있었는데, 그 사건에서 유래했다는 이야기가 있지. 또 이 지역 젊은이들이 토마토를 던지며 싸운 데에서 유래했다는 이야기도 있어. 축제 날이 되면 마을 중앙에 기름 바른 기둥을 세우고, 기둥 꼭대기에 햄 종류인 하몽을 달아 놓는 거야. 누군가 기둥을 기어올라 가서 하몽을 따는 순간, 토마토 파티는 시작되는 거지. 아, 나도 일만 아니면 지금 저기에서 즐길 수 있는데 말이야."

정우가 호기심 어린 표정으로 물었다.

"그런데 도대체 토마토가 몇 개 정도나 쓰일까요? 천 개?"

"후훗. 천 개라니. 개수는 아무도 몰라. 다만 매년 토마토 약 120톤을 거리에 쏟아 놓지. 우리 에스파냐는 지역 곳곳에 축제가 열리지 않는 날이 없어. 토마토 축제가 열리는 일주일 동안은 불꽃놀이와 공연, 다양한 퍼레이드와 음식 축제가 함께 열려. 그러니 재미있게 즐기렴!"

| 아무나 들어갈 수 없는 페이지   www.biwon.magic

ⓒflydime from wikimedia

마젤란 아저씨와 함께 카페에서 에스파냐의 대표 음식인 파에야를 시켜 놓고, 먹기 전에 잠깐 내려가서 찍은 사진이다. 에스파냐 사람들은 아시아 사람들처럼 쌀을 많이 먹는다고 한다. 파에야는 해물 볶음밥과 비슷했는데, 크고 푸짐한 해산물이 많이 들어가 있고, 사프란이라는 재료를 써서 밥이 카레처럼 노란 빛깔을 띤다. 창 너머 '토마토 괴물'들의 함성 소리를 들으며 그릇을 싹싹 비웠다. 그런데 지도는 도대체 어디에 있는 걸까?

댓글 ▼

민규 파에야의 본고장에서 파에야를 먹다니. 으음, 맛있겠다.

안나 민규 너는 미식가의 나라 프랑스에 있으면서 음식 타령이야?

승윤 정우야. 혹시 저 토마토 속에 지도가 있는 거 아니야?

정우 그렇다고 해도 토마토 속에 들어가고 싶진 않은데!

안나 혹시 '붉은 물결'이 다른 걸 가리키는 게 아닐까?

이 땅은 누구의 땅일까?

정우는 마젤란과 에스파냐 남부 세비야의 한 마을에 있는 플라멩코 공연장에 들어와 앉았다. 에스파냐 남부 안달루시아 지방을 대표하는 도시 세비야는 열정적인 춤과 노래로 이루어진 플라멩코가 유명하다. 또 투우 경기가 발달했다고 하여, 마젤란과 정우는 사람이 많이 모이는 장소를 찾다가 세비야로 왔다.

기타와 캐스터네츠 연주자들이 등장해 자리를 잡았다. 뒤이어 빨간 꽃 장식을 머리에 하고, 화려한 드레스를 입은 여성 무희가 박수 소리와 함께 등장했다. 손뼉을 치고 발을 구르는 등 격렬한 리듬 속에서 무희의 동작이 점점 크고 빨라졌다. 무희의 화려한 치맛단이 한없이 물결쳤다. 정우는 자신도 모르게 음악과 춤에 빠져들었다.

춤이 끝나고 무희가 돌아다니며 인사를 했다. 정우에게 오자 이름을 묻고는 한국의 멋진 신사 어린이라며 반겨 주었다. 무희는 플라멩코에 대해 궁금한 것이 있으면 물어봐도 좋다고 했다. 정우는 플라멩코의 역사가 궁금하다고 했다. 지도 조각에 대한 힌트도 주지 않을까 내심 기대하며 말이다.

"플라멩코는 대략 15세기경, 집시들에 의해 에스파냐에 들어와서 안달루시아의 전통 음악과 어울리며 발전했다고 알려져 있어."

"발레 같은 전통적인 서양 춤과 뭔가 다르지 않니? 한번 생각해 봐."

정우는 생각에 잠겼다.

"아! 발레는 점프가 많아요. 남자 무용수가 발레리나를 번쩍 들어 올리기도 하고요. 그런데 플라멩코는 뛰어오르는 동작은 없는 것 같아요."

옆에 있던 마젤란이 정우에게 박수를 치며 말했다.

"눈썰미가 제법인걸! 발레는 하늘을 향해 더 높이 솟아올라 날아갈 듯한 동작을 주로 표현하지. 반면 플라멩코는 마음 놓고 발 디딜 터전이 없는 집시들의 영혼을 담았기 때문에 발로 땅을 구른단다. 플라멩코는 엄격한 형식을 따르기보다는 기본 동작을 중심으로 즉흥적이고 감정적인 변화와 리듬, 박자를 중요하게 여겨."

"음악으로 치면 재즈 같기도 해요. 느낌은 전혀 다르지만요."

정우의 말에 마젤란이 고개를 끄덕였다.

| 아무나 들어갈 수 없는 페이지 | www.biwon.magic

집시는 인도 북부에서 이동을 시작해 유럽, 서아시아, 아프리카 등 전 세계를 떠돌며 사는 유랑 민족으로 알려져 있다. 무리 자체가 유쾌하고 활발한데, 특히 음악에 뛰어난 재능이 있다고 한다. 이들이 오랜 세월 핍박을 받으면서 이를 달래기 위해 추었던 춤이 플라멩코란다. 춤으로 한을 승화한 플라멩코, 예술 같기도 주술 같기도 하다. 그런데 집시들은 원래 고향이 없는 건가? 이런 생각에 빠져 있는데, 마젤란 아저씨가 투우를 보러 가자고 재촉했다.

댓글 ▼

안나 집시들은 유랑 민족이었는데, 에스파냐의 이사벨 여왕과 페르난도 왕이 이방인의 언어와 종교를 금지하면서 가톨릭을 종교로 강요했지. 이를 따르지 않으면 매질을 하거나 노예로 만들고, 사형에 처하기도 했대. 집시들은 이러한 박해를 피해 도망쳤어.

승윤 집시들은 한곳에 뿌리내리지 못하고, 누구에게도 환영받지 못하는 삶을 살았겠구나.

민규 오늘날의 난민이 떠오르기도 해. 너무 슬프다.

안나 결국 플라멩코는 집시들이 한 번도 뿌리내릴 수 없었던 땅을 향한 간절함이 승화된 예술인 것 같아.

정우 이쯤 되니 한 가지 질문이 고개를 드네. 과연 이 땅은 누구의 것일까? 땅에 진정한 주인이란 것이 있는 걸까?

✉ **교장 선생님의 한마디**

에스파냐의 투우 문화

에스파냐 대부분의 도시와 마을마다 투우장이 있다. 천으로 소를 자극해서 달려들게 한 다음 창과 칼로 죽이는 경기라서 잔인하다는 비판도 있지만, 농사가 잘되고 가축이 잘 자라라고 신에게 비는 제사에서 시작된 전통이 있어서, 에스파냐 사람들에게 중요한 문화이다.

✉ 교장 선생님의 한마디

비옥한 땅의 축복

에스파냐 남부는 강이 흘러서 땅이 비옥하다. 포도, 오렌지, 올리브가 많이 나고, 세계적으로 유명한 화이트 와인 '셰리 와인'이 생산된다.

에스파냐와 포르투갈에서 많이 자라는 코르크참나무는 보통 백 년에서 5백 년 정도 사는데, 에스파냐에는 코르크참나무보다 오래 사는 올리브 나무도 있다고 한다. 초록색 체리처럼 생긴 올리브 열매를 맺는데, 천 년 동안 열매를 맺은 나무도 있다고 한다.

"우아! 시내가 한눈에 내려다보이는데요! 그런데 왜 여기로 온 거예요?"

정우는 붉은 지붕의 고풍스러운 궁전이 있는 언덕 위에 서 있었다. 성벽과 탑을 갖추고 있어 요새 같기도 했다.

"우리는 지금 에스파냐 남부 그라나다에 와 있단다. 힌트 쪽지에 쓰여 있는 '언덕 위의 붉은 궁전'이 바로 여기 아니겠니?"

정우는 마젤란과 궁전 안뜰을 거닐며 이곳저곳을 둘러보았다. 연못에 비친 건물이 멋진 조화를 이루었다.

"어라, 이곳은 왠지 유럽 같지 않고 뭔가 이슬람 사원 같은 분위기이네요. 저런 아치형 문도 그렇고요. 게임 할 때 본 것과 비슷해요."

"게임 덕분에 건축물의 스타일도 구분할 줄 아는구나. 여긴 알람브라 궁전이란다. '알람브라'는 '붉다'라는 뜻이야. 알람브라 궁전은 13세기 그라나다 왕국이 번영의 절정기였을 때에 건설되었어. 아랍계 무어인들이 지었기 때문에 전형적인 유럽의 궁전과 분위기가 다르지."

마젤란의 이야기에 정우는 무어인들이 지브롤터 해협을 건너는 모습을 떠올렸다. 가까운 도시 그라나다에 정착해 아랍의 문화를 전파했을 위풍당당한 모습이 그려졌다.

"그런데 힌트 쪽지가 말하는 '원래 있었던 새로운 곳'을 발견한다는 건 무슨 뜻일까요?"

마젤란은 의미심장한 미소를 지었다.

"새로운 곳, 즉 신세계를 발견했다고 하면 떠오르는 인물이 있지 않니?"

정우는 갑자기 눈을 크게 떴다.

"콜럼버스요! 새로운 곳이 사실 원래 있었던 아메리카 대륙이잖아요."

"그렇지. 이탈리아 출신의 콜럼버스가 마침내 에스파냐 왕실의 후원으로 신세계로 떠나는 것이 결정되었을 때, 에스파냐 여왕이 그에게 신대륙 탐험의 임명장을 준 곳이 이곳

알람브라 궁전이거든."

정우의 머리 속에 콜럼버스가 여왕의 임명장을 품에 안고 배를 타고 떠나는 모습이 스쳐갔다. 그때였다. 물 위에 비친 알람브라 궁전의 모습이 흔들리며 쪽지가 떠올랐다.

✉ **교장 선생님의 한마디**

무어인

무어인은 711년부터 이베리아반도로 건너온 아프리카·아랍계 이슬람교도를 일컫는 말이다. 투우도 무어인들이 이베리아반도를 정복할 때에 전해졌다고 알려져 있다. 무어인들은 에스파냐의 국교인 가톨릭과 종교가 다르다 보니 갈등을 빚었고, 결국 지브롤터 해협 너머 아프리카로 쫓겨났다.

민지
셰익스피어 4대 비극 중 하나인 《오셀로》에 나오는 장군 오셀로가 바로 무어인입니다.

> "대서양과 지중해의 연결 고리,
> 모두가 탐내고 다툼이 잦았던 곳에서 평화를 기원하면,
> 노파의 모자를 찾고 새로운 여정을 떠나게 되리라."

"대서양과 지중해의 연결 고리는 바로 이곳, 지브롤터를 가리켜."

정우는 에스파냐 안달루시아 지방과 이어져 있는 낮고 평평한 모래톱을 건너, 석회암으로 된 봉우리가 이어져 있는 바위산에 올랐다. 지브롤터 해협을 바라보면 깎아지른 듯한 바위산이 우뚝 서 있었다.

"저쪽으로 보이는 땅이 아프리카인 거죠?"

"그렇지. 바로 지브롤터 해협이야. 수영해서 건널 수 있을 정도로 짧은 해협이지."

"우아, 저길 어떻게 헤엄쳐서 건너요? 저도 한번 도전해 보고 싶은데요?"

마젤란은 엄지손가락을 추켜들었다.

"지브롤터는 기원전 그리스·로마 시대부터 유럽·아시아·아프리카 등 여러 민족이 쟁탈전을 벌인 격전지였어. 그러다 에스파냐 왕위 계승 전쟁을 계기로 영국의 차지가 되었지. 에스파냐에서는 계속 반환을 요구하고 있지만 받아들여지지 않고 있어."

정우는 지브롤터 해협을 바라보며 잠시 생각에 잠겼다. 이곳을 차지하기 위해 여러 나라와 민족들이 다투고 갈등을 빚었다니, 멋진 풍광에도 어쩐지 씁쓸한 느낌이었다. 모험과 탐험만 좋아할 수는 없을까? 꼭 무언가를 차지

하고 소유해야 하나? 정우는 이 땅에 영원히 평화가 깃들기를 눈을 감고 잠시 빌었다.
"이제 노파의 코끝까지 왔으니, 모자를 찾으러 가 볼까?"
마젤란의 말을 금세 이해한 정우는 바다를 향해 소리쳤다.
"가요! 포르투갈로!"

포르투갈

"이 나무는 도대체 뭐지요? 정말 특이하게 생겼네요."

정우와 마젤란은 울퉁불퉁한 옅은 갈색의 두터운 껍질을 가진 나무들의 숲에 서 있었다.

"코르크참나무란다. 코르크는 흔히 와인의 병마개로 쓰이지."

"오! 유럽의 남서부 지역에는 포도주가 많이 생산되는 나라들이 몰려 있으니, 코르크도 많이 만들어 팔 수 있겠네요."

"그렇지. 그런데 코르크가 그렇게 쉽게 만들 수 있는 게 아니야. 올리브처럼 나무의 열매로 만드는 게 아니라, 참나무의 한 종류인 코르크참나무의 나무껍질로 만들거든. 나무껍질을 떼어 낸 뒤, 새로 한 층이 올라오고 다시 떼어 내기까지는 10여 년이 걸린단다."

"10년씩이나요?"

정우는 다시 한 번 나무들을 둘러보았다. 고급 코르크를 얻기 위해서는 우선 다 자란 코르크참나무를 찾는다고 한다. 그런 다음에 코르크의 겉껍질을 모두 벗겨 내고 따로 표시해 둔다. 약 10년 뒤에 다시 찾아와 한 번 더 겉껍질을 모두 벗겨 낸 뒤 또다시 그만큼의 시간을 기다린다. 그러고는 코르크 전문가가 다시 한 번 껍질을 벗겨서 적당한 크기로 자르고, 그것을 커다란 트럭에 잔뜩 싣고 떠난다고 한다.

"숲에는 벌거벗은 코르크참나무들만 덩그러니 남게 되지. 공장에 도착한 코르크참나무 껍질은 여러 공정을 거친 뒤에 원기둥 모양으로 가공되는 거야."

"이제 부모님이 와인 드실 때, 코르크 마개를 보면 나보다 한참 형님 나무에게서 오셨구나, 하고 모셔 놔야겠어요."

정우의 말에 마젤란이 껄껄 웃었다.

"자, 이제 옛 해양 대국의 심장부로 가 볼까?"

정우는 마젤란과 함께 포르투갈의 수도 리스본으로 향했다. 중세 유럽의 느낌이 물씬 풍기는 멋스러운 도시였다. "리스본을 보지 않고는 아름다움을 논하지 마라."라고 리스본 사람들이 말하고는 한다. 그만큼 자신들의 고장에 대한 자부심이 대단하다.

"리스본은 대서양으로 향하는 출구야. 모험을 향한 출발 지점이지. 나는 오래전 이곳에서 바다 저편 세상을 꿈꾸었어. 인도를 향한 동쪽 항로에 관심이 있었던 바스쿠 다 가마와 달리, 나는 더 넓은 세상으로 진출하고 싶었거든. 결국 인류 최초로 지구를 일주하는 항해를 이끌어 성공할 수 있었어. 남아메리카의 마젤란 해협도, '태평양'이라는 대양의 이름도 내 항해로 인해 붙여진 이름이지."

"아저씨는 에스파냐가 아니라 포르투갈 사람이었어요?"

"그렇단다. 태어나긴 포르투갈에서 태어났어. 여러 사정으로 에스파냐로 건너갔지. 뭐, 사실은 많은 시간을 먼바다의 배 위에서 살았지만 말이야. 대망의 첫 항해는 우여곡절 끝에 에스파냐의 세비야에서 출발할 수 있었어."

마젤란의 미소가 왠지 쓸쓸해 보였다. 때마침 어디에선가 구슬픈 노랫소리가 들려왔다. 정우는 골목 모퉁이에서 기타 반주에 맞추어 애절한 목소리로 노래하는 할머니를 잠시 바라보았다.

"저 노래는 포르투갈 민요인 '파두'라고 해. 파두는 '운명' 혹은 '숙명'이라는 뜻이야. 가사도 주로 슬픔이나 그리움에 대한 내용이지."

마젤란은 잠시 말이 없었다.

"왠지 멀리 항해를 떠난, 사랑하는 이를 그리워하는 마음 같은 것이 느껴져요."

정우는 노래를 부르는 할머니에게 다가갔다. 할머니가 노래를 마쳤을 때, 정우는 자신도 모르게 주머니에 든 사탕 한 개를 꺼내 내밀었다. 할머니는 따뜻한 미소를 지으며 정우의 머리를 쓰다듬어 주었다. 그러고는 기타를 들고 골목 안쪽으로 사라졌다. 그때였다. 할머니가 떠나간 자리에 반짝이는 지도 조각이 눈에 띄었다. 에스파냐와 포르투갈 지도 모양이었다!

정우는 지도 조각 두 개를 손바닥 위에 올려놓았다. 이 모습을 지켜보던 마젤란이 정우에게 다가와 반으로 쪼갠 코르크 마개를 건넸다.

"이제는 새로운 여정을 떠나야 할 시간이구나. 이건 작별 선물이란다. 세로로 쪼갠 코르크 마개를 나눠 가지면 언젠가 다시 만나게 된다는 이야기가 있지."

정우는 코르크 마개 반쪽을 받아 가만히 가슴에 댔다. 마젤란이 점점 옅은 빛으로 빛났다.

"그 마음 잊지 말고, 모험을 계속하는 거야! '이미 있었던 새로운 것'을 꿈꾸며 말이야."

정우는 고개를 끄덕였다. 어느새 마젤란 아저씨는 사라지고 없었다. 손바닥 위에서

지도 퍼즐 조각이 반짝이고 있었다. 정우는 두 지도를 이음새가 맞게 합쳤다. 두 조각이 꼭 맞았다. 순간 정우의 몸이 붕 떠올랐다.

교장 선생님의 한마디

형제 같은 포르투갈과 에스파냐

포르투갈은 유럽 이베리아반도의 에스파냐 서쪽에 붙어 있다. 에스파냐와는 형제 같은 나라로 주요 문화가 거의 겹칠 만큼 비슷하다. 포르투갈어는 에스파냐어와 완전 똑같지는 않지만 서로 알아들을 수 있을 만큼 비슷하다. 또한 서부 유럽에서 흔한 혼합 농업이나 낙농업보다는 에스파냐처럼 코르크나 올리브 같은 과수 재배가 흔하다. 특히 포르투갈에는 포도주 병마개로 쓰이는 코르크의 원료인 코르크참나무가 아주 많이 자라서, 세계에서 코르크를 가장 많이 만들어 내는 나라로 손꼽히고 있다.

해상 교통의 요충지

포르투갈은 지중해, 북서유럽, 아프리카, 아메리카 네 지역을 잇는 해상 교통의 요충지에 있다. 바스쿠 다 가마, 마젤란 등이 활약했던 '지리상의 발견'이라 불리는 시대에 에스파냐와 더불어 세력을 떨쳤다.

✉ 교장 선생님의 한마디

토르데시야스 조약

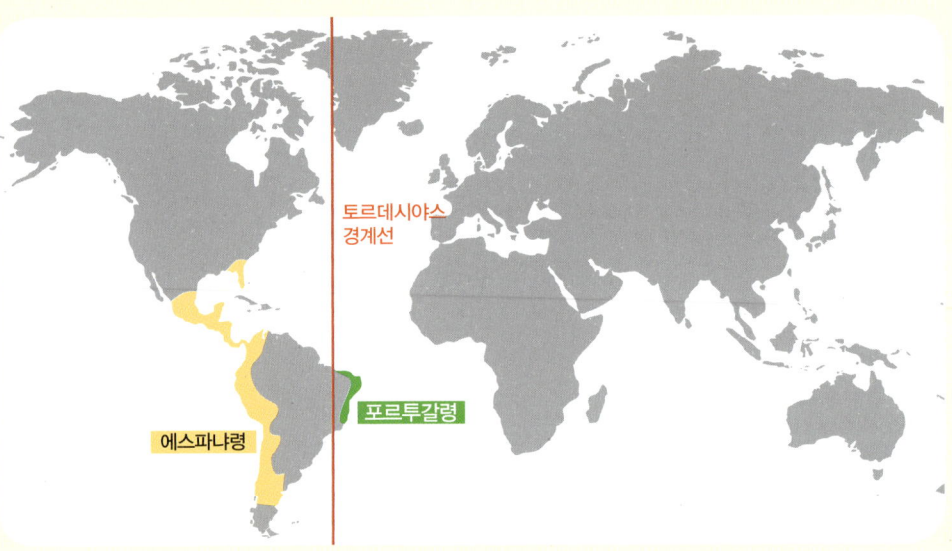

에스파냐와 포르투갈은 앞다투어 경쟁하듯 바다 건너 땅을 탐험했다. 그러다가 새롭게 발견했다고 여긴 땅을 두고 싸우고는 했다. 결국 로마 교황까지 나섰지만 이견은 쉽게 좁혀지지 않았다. 그리고 마침내 두 나라는 1494년에 에스파냐의 토르데시야스에서 조약을 맺었다. 사과를 반으로 쪼개듯 지구를 동서로 나눈 뒤, 포르투갈이 동쪽의 새 땅을 갖고 에스파냐가 서쪽의 새 땅을 갖기로 한 것이다. 포르투갈이 남아메리카에서 브라질만 차지한 것도 이 조약 때문이다. 그래서 브라질 사람들은 남미 대부분 나라들이 사용하는 에스파냐어가 아닌 포르투갈어를 사용한다.

다시 모이다

"마침내 시간의 기준이 되는 곳에서
집으로 돌아가는 길이 열리리라."

아이들이 하나둘 나타나 다시 모인 곳은 영국 런던 교외에 자리한 그리니치 천문대였다. 안나는 마지막 힌트 쪽지에 쓰여 있는 문구를 다시 한 번 읽어 보았다.

"시간의 기준이 되는 곳에서 집으로 돌아가는 길이 열리려면 어떻게 해야 할까?"

민규는 지구의 앞에 죽 그어진 선을 가만히 바라보았다.

"이 선이 세계 시간의 시작점이란 말이지?"

안나는 가만히 선 위에 섰다.

"우리가 가진 지도 조각을 모아서 다시 맞춰 보자!"

정우의 말에 아이들은 서둘러 영국, 아일랜드, 프랑스, 독일, 이탈리아, 에스파냐, 포르투갈 지도 조각을 모아 맞췄다. 잠자코 기다리는데, 아무 일도 일어나지 않았다.

"가만, 우리가 처음에 맞췄던 지도 조각은 여덟 개였어. 그런데 우리가 가진 건 일곱 개야."

"게다가 여기 빈 곳이 있는데?"

승윤이의 말에 민규가 빈 곳을 손가락으로 짚었다. 그때였다. 아이들의 눈이 휘둥그레졌다.

"민지야! 네가 여길 어떻게!"

"교장 선생님께서 보내 주셨지. 엄밀히 말하면, 내가 만든 홀로그램 프로그램 덕분이기도 하고. '진짜 나'는 비원 학교 중앙 센터에 있어. 하지만 이렇게 언니 오빠들이랑 직접 말을 할 수 있으니까 참 좋다."

안나는 말없이 민지 손을 꼭 잡았다.

"자, 이제 어떻게 하면 될까?"

"여기 빈 조각은 알프스의 나라 스위스야."

민지는 프랑스, 독일, 이탈리아 사이의 빈틈에 스위스 지도 조각을 끼워 넣었다. 마침내 완성된 서남부유럽 지도에서 환한 빛이 쏟아졌다. 아이들은 누가 먼저랄 것 없이 손에 손을 맞잡았다. 이윽고 아이들은 모두 빛 속으로 사라졌다.

아이들이 눈을 뜬 곳은 비원 학교 후원에 있는 비밀 창고였다. 아이들이 부스스 일어나 창고 벽에 있는 지도 앞에 섰다.

비원 학교 비밀 클럽 아이들이 다녀온 서남부유럽은 아이들이 찾아온 지도 조각으로 반짝반짝 빛나고 있었다. 그때 창고의 문이 열리며 민지가 뛰어 들어왔다. '진짜 민지'가 달려가 민규에게 안겼다. 안나와 승윤, 정우도 덩달아 함께 얼싸안았다. 민지는 수화로 열심히 떠들었다.

"나도 언니 오빠들과 함께 모험을 다녀온 기분이야. 교장 선생님께서 도와주셨지만, 각 나라 조력자들 프로그램을 짜면서 엄청나게 많은 지식을 쌓을 수 있었어. 정말 재밌었어!"

교장 선생님이 미소 지으며 말했다.

"다음에는 민지도 함께 떠나도록 해. 너희들이 함께 다닌다면 이제 두려울 게 없겠는걸!"

아이들은 너도나도 또 다른 지역으로 보내 달라고 졸랐다. 당분간 비원 학교 비밀 창고는 떠들썩할지도 모르겠다.

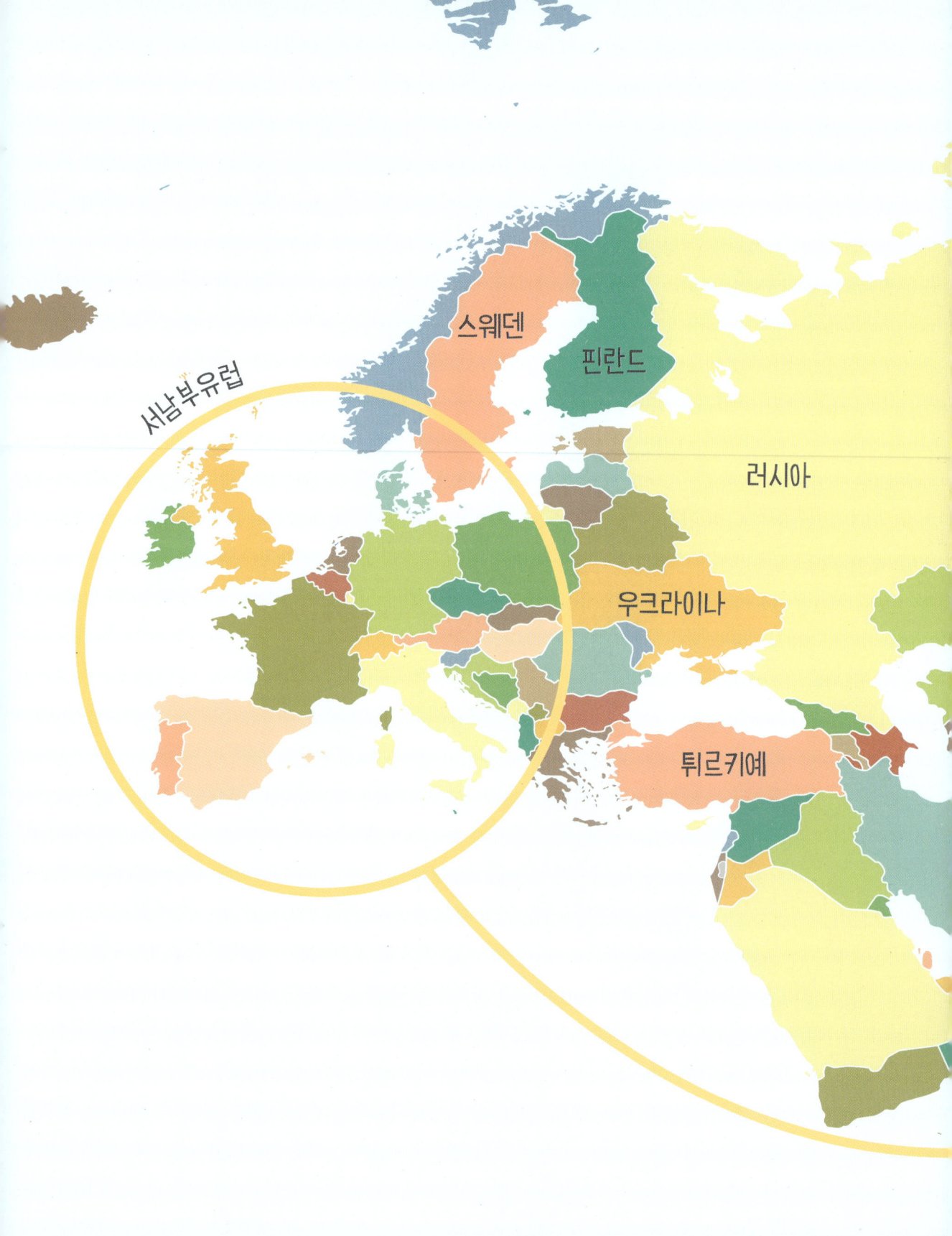

비밀 클럽 아이들이 모은 지도

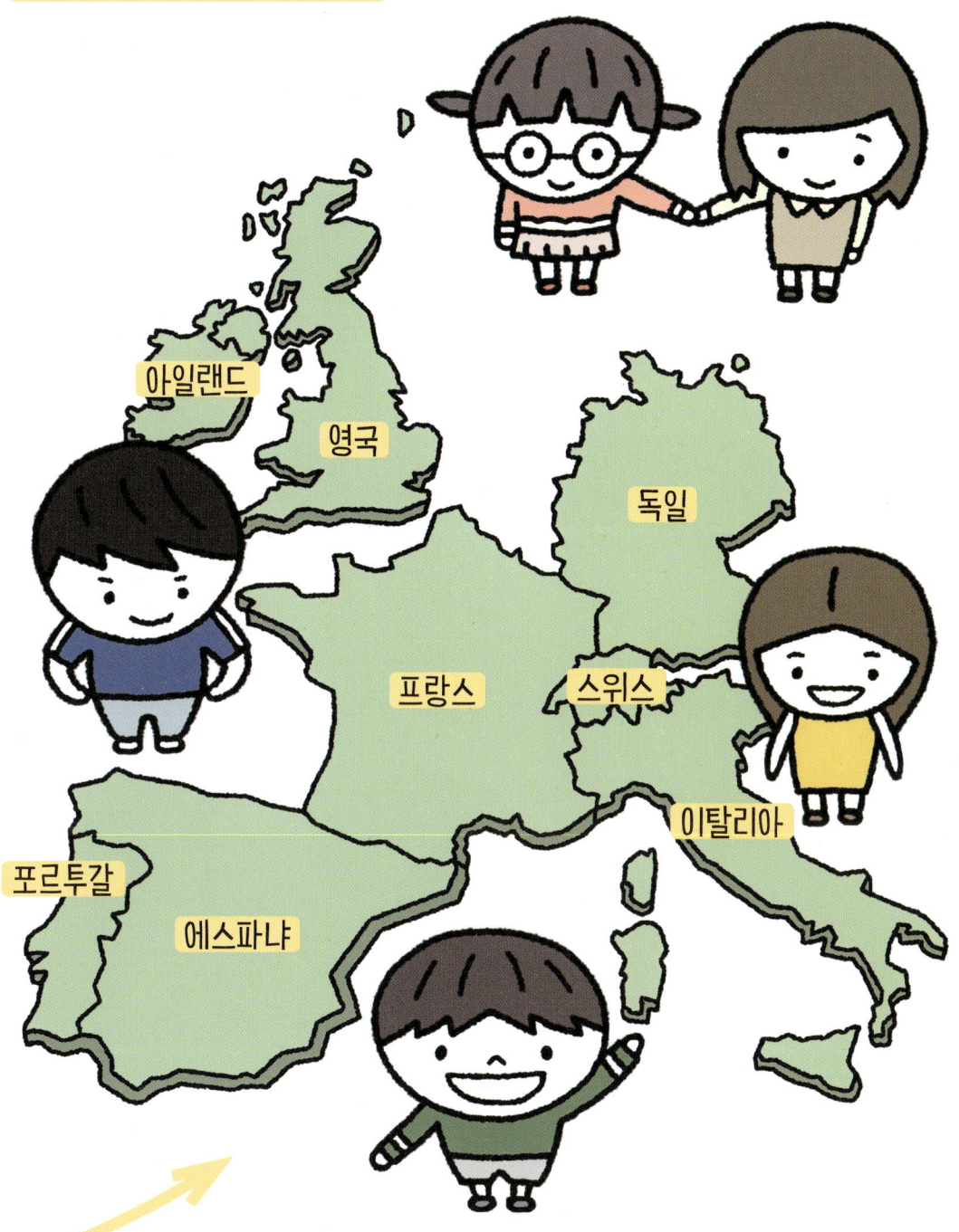

하루놀 책 속에서 하루 신나게 놀자!

세계 속 지리 쏙
비밀 클럽
흩어진 지도를 모아라

초판 1쇄 발행 2018년 07월 04일
초판 7쇄 발행 2024년 05월 01일

글 류재향 **그림** 주영성
발행처 주식회사 스푼북 **발행인** 박상희 **총괄** 김남원
편집 길유진 김선영 박선정 김선혜 권새미
디자인 권수아 정진희 **마케팅** 구혜지 박미소
출판신고 2016년 11월 15일 제2017-000267호
주소 (03993) 서울시 마포구 월드컵북로6길 88-7 ky21빌딩 2층
전화 02-6357-0050(편집) 02-6357-0051(마케팅)
팩스 02-6357-0052 **전자우편** book@spoonbook.co.kr

ⓒ 류재향, 주영성 2018
ISBN 979-11-88283-40-8 (73300)
ISBN 979-11-88283-30-9 (세트)

* 저작권법에 의하여 한국 내에서 보호를 받는 저작물이므로 무단 전재와 무단 복제를 금합니다.
* 잘못 만들어진 책은 구입하신 곳에서 바꾸어 드립니다.

제품명 비밀 클럽 흩어진 지도를 모아라 **제조자명** 주식회사 스푼북 | **제조국명** 대한민국 | **전화번호** 02-6357-0050 **주소** (03993) 서울시 마포구 월드컵북로6길 88-7 ky21빌딩 2층 **제조년월** 2024년 05월 01일 | **사용연령** 10세 이상 ※ KC마크는 이 제품이 공통안전기준에 적합하였음을 의미합니다.	⚠**주 의** 아이들이 모서리에 다치지 않게 주의하세요.